フツーのオジサンがAV監督していました

恩地昌宏
text by Masahiro Onji

彩図社

はじめに

これはかつてAVメーカー社員だった男から見た業界の物語である。

そもそもなぜいまになってこれを書いたのか。それには3つの理由がある。

まず1つ。

ぼくがAVメーカーに在籍していたのは2000年から2010年までの11年間であるが、このころがAVがもっとも隆盛をきわめた時代であった。より正確にいえば2002年から2008年くらいまで。金額（売上、総制作費）、箱（メーカー、プロダクション、制作会社）、人口（女優、男優、技術スタッフ）、それらは数字のうえでも証明されている。

あの狂乱ともいうべきバブル期、その誕生から終焉まで、業界の中心にいて、多くを見聞《けんぶん》してきた者としてあの時代を書き残しておきたい、と。さいわいにもヒエラルキーのトップであるメーカープロデューサーというポジションにいたため、全体を俯瞰《ふかん》で見られるという恩恵にも浴することができ、かつ監督も経験することで現場も熟知、口幅ったいが、あの時代を書くにおいてぼくより適任者はいないだろうと思ったこと。

もう1つ。

「単体女優は1本100万以上もらえる」「作品は最後は無修正版（モザイクなし）で流される」「プロダクションはヤクザのフロント企業」「撮影はマンションの1室で監督と2人きり」。ぼくがかつてAV業界にいたと他人に打ちあけると、彼ら彼女らから決まってこのようなことをいわれた。そのたびいまだこういう人たちがいるんだと軽いカルチャーショックを受けたものだ。もちろんどれもがうそ。

真実を話すのが正しいとも思わないが、もはやプロレスを真剣勝負と思って見ている日本人などいないように、AVもそろそろ情報開示してもいいころではないかと思ったこと。

そして最後の1つ。

これは書きすすめるうちにそういう思いにいたったのであるが、サラリーマンの絶望と再生を描きたいな、と。

日本で会社員をやっていれば「ノルマ」「売上」「競争と勝利」にいやおうなしに駆りたてられ、日々我が身を削って生きていかなければならない。だれもがじぶんの〝居場所〟を見つけるため努力し、やっと見つけたと思っても他人に奪われたり。が、そうだとしても腐ってはいられず、またべつの居場所のために努力しつづけなければならない。失敗してヘコみ立ち上がり、失敗してヘコみ……そのくり返し。それでもぼくたちは立ちあがってまえに進まなければならない。そうしないと見える光も見えないから。
これはＡＶ業界を舞台にした、居場所を求めてさまようひとりのサラリーマンの孤独な戦い、その記録である。

２０１９年８月　著者記す

目次

※著者名を含め、本書の登場人物は一部を除き仮名にしています。

第一章　34歳でＡＶメーカーに転職

1999年夏、ぼくは名古屋で風俗情報誌の編集をしていた。その仕事に従事して3年半。もともとはその出版社のタウン誌編集部を志したのだが面接時「きみは風俗むきだ」といわれそっちに配属となった。あとでわかったのだがふりわけの基準は見ため一択。女子ウケしそうな男はタウン誌、そうでないのは風俗誌という、身も蓋もないものであった。

自身エロ好きではなく、望んだ仕事でもなかったのでこのころは毎日の業務に飽きていた。そして夜になったら寝るという健康的な生活にもどりたかった。来る日も来る日も風俗嬢の写真を撮り話を聞き、それらは基本店終わりの0時すぎが多いので、編集部に戻ってくるのは夜中の1時2時、それから始発まで記事を書き、昼に出社、記事の続きを書き、店に取材のアポをいれ、机につっぷし仮眠をとりつつ0時になったら取材、そんな毎日。週イチの編集会議は10時（夜の！）スタート。月刊に隔週刊、1カ月3冊担当しており、いつだって締切に追われていた。

ある日のこと、編集長に1本の電話がはいり、電話をきったあと、最初に目があったぼくに「恩地《おんじ》、錦《にしき》（名古屋一の歓楽街）に新しい店ができたんやけど、そこに取材いってくれ」とたのんできた。この取材がぼくの将来を決めることとなる。そのとき編集部には3、4人いたはずだが、最初に目のあったぼくがたまたま取材をまかされただけで、ぼくじゃなかったらこの本が書かれることはなかっただろう。

店の人と電話で話し、さっそく打ち合わせにむかった。出てきた男は楠本と名乗った。店のオーナーである。

「〇〇ヘブンさんの2色刷りのとこ、あそこは載せるのは無理なんですか？」楠本はいった。

モノクロページの店長インタビューを考えていたぼくは「すいません。あそこは一風変わった店だったり、すごい肩書きの女の子だったり、大きなネタでないと載せられないんですよ」

「たとえば？」

「即尺があるとか、乱交コースがあるとか、10分1000円の超ショートコースとか。ふつうの店ではやってないような」

「だったらそれ全部やっちゃいましょう。それだとあのページいけるんですよね？」

写真をふんだんに使った体験ルポのような体裁にすることで話はまとまった。写真ＯＫの女の子も客役の男も楠本のほうで用意するという。

取材当日。楠本は「乱交シーン女の子3人じゃさびしいですよね。もう2人出しましょう」「即尺はダブル即尺とかのほうがインパクトあるんじゃないですか」などつぎつぎアイデアを出し、ぼくもそれに触発されるよう「イスよりもソファのほうがゴージャス感が出ます」「即尺の頭を押さえているような写真があるとＳ男ウケするんじゃないですか」など呼応し、ひさしぶりに楽しくやりがいのある取材となった。

2週間後にその号は発売、あのページを見たという客で当日、店には行列までできたそうで、早速、楠本からお礼の電話がかかってきた。ごちそうさせてほしいという。そのことばに甘え後日会食、ぼくのなにが気に入ったのだろう、それから楠本からちょくちょくさそわれるようになった。

楠本は風俗以外にもラーメン屋、ラウンジ、裏カジノを経営、その外見は日サロ焼け、テラテラ輝くスーツ、髪はワックスでガチガチ、まだ20代後半の若さなのに、すでに街の顔役といった貫禄をもっていた。ぼくとは外見もキャラも趣味嗜好にいたるまで、なにひとつ共通するところはなかった。

年があけて2000年、楠本にさそわれ錦の寿司屋にいったときのこと。乾杯するなり、楠本は切り出した。

「じぶん春から東京にいくんです。ある会社を手伝うことになりまして。で、その会社というのは——」

話はこうだ。その会社ではこれからAVを作ろうとしているが、楠本自身AVは見ず、というか映画、テレビ、映像一般まったく興味なく、当然制作のことなどわからない。そこでぼくに手伝ってくれないか、というのだ。

「ぼくAVとかわかんないですよ」

「恩地さん、エロセンスあるからだいじょうぶです。例の取材してるときそう思いました」

「センスあるかなあ……じぶんをエロいだなんていちどだって思ったことないんですけど」

その日はそれ以上話は進展しなかったが、後日楠本から連絡があり、その会社には出版部もあって興味があるならそっちで働かないか、と。出版なら多少心得もあるし、もともと活字は好きなので、それだったらぜひにと、話に乗ることにした。


2000年。34歳。はじめての東京生活。

6月。入社初日。楠本から聞いていた西新宿○丁目××新宿○○ビルという住所と、出版やAVの会社ということで、勝手に西新宿の中古レコード街のなかにある古びた雑居ビルをイメージしていた。だが、その住所通りにいくと当該ビルは雑居どころか50数階建てのそれ。ほんとだろうかと疑いつつ指定階でエレベーターをおりるとガラス張りの玄関があり、そこには聞いていたとおりの会社名のプレートがあった。やはりここでいいようだ。受付カウンターがあり、中に女性が3人座っている。揃いの白スーツを身にまとい髪をぐるんぐるんにした〝いかにもな女〟たち。イメージしていたAVメーカーとだいぶちがう。

来意をつげるとひとりが案内してくれた。受付をぬけると広々としたフロア。小さな体育館ほどもあろうか。窓際と壁際には打ち合わせブースがいくつかと、片方の壁には一面ガラス張りの応接室が3つ並んでいる。テレビドラマで見るようなオフィス然としたオフィス。

フロアにはまだ事務員らしき女性数人しかおらず、そのなかのひとりに「楠本さんが来るまでここで待っててください」と空きデスクに案内された。

しばらくすると社員がぞろぞろ出社してき、そのたびぼくは立ってペコリと頭をさげ、1時間ほどしてようやく楠本がやってきた。とりあえず社長のところへあいさつにいきましょうという。フロアの隅にせまい通路があり、そこをすすむと突き当たりが社長室であった。楠本につづいて中にはいる。広くはない。壁には絵もカレンダーも社訓もなく、殺風景な部屋であり、デスクの後ろに立てかけてあるソフトケースにはいったエレキギターだけが目立っていた。40歳くらいにみえる社長はすぐにイスから立ってやってきて「やあやあ、どうもどうも。きみが恩地くんだね。楠本といっしょにAVやってくれるんやって。たのむわ」180センチはある長身からぼくを見下ろし、握手をもとめてきた。変な訛りがあった。

社長室を出たあとに楠本にきいた。

「社長かんちがいしてらっしゃるんですかね？　出版部ですもんね」

すると楠本はばつのわるそうな顔になり、顔のまえで拝むように手をあわせ、そしていった。

「社長からAV制作をまかされたとき、だったらじぶんの右腕になる人を名古屋から連れてきます、彼といっしょにやります、そんな話をしたもんで。どうでしょう。ぼくを助けてくれませんか。とりあえずやってみて、あわなければ出版に移るという、そんな形にでもして」

考えるよりさきに「わかりました」と口が反応していた。

こうしてぼくのAV人生はスタートした。

割りあてられたデスクのとなりに30歳くらいのリーゼントの人がいて、この人が当面ぼくの教育係である。Tという。この時点でAV制作部は楠本、T先輩、そしてぼくの3人。

2日め。出社してきたTにあいさつし、しばし待つもなにも仕事をふられない。

「あの～すいません、じぶんはなにをしたらいいでしょうか」ぼくはきく。

「そうやね、そこの机のうえに」といってTはそっちをアゴで示し「雑誌がたくさんあるけど、それ読んどいてくれんですか」

社長と同じような変なアクセントがあった。大阪弁のようだがちょっとちがう。

雑誌はほとんどがAV専門誌であった。4、5種類はあったろうか。AVに興味のなかったぼくにははじめて見るものばかり。読んでいるとしばらくして「恩地くん、お腹すいたら適当に食べてきて。あとコンビニとかいくときも勝手にいってきて。いちいちおれにことわらんでもええですから」

2日めも3日めもずーっと雑誌。その間、Tはというと缶コーヒーをガブ飲みし、ひっきりなしにタバコを吸い、携帯メールばかり打ち、たまにパチンコ攻略誌かキャバクラ情報誌を開き、それらに飽きるとふらふら出ていって2時間も3時間も帰ってこなかった。いっこうにAVを作る、いや仕事をする気配がないのだ。

4日め。

「あのTさん、じぶんらいつ撮影するんですか。台本とか書くんでしたら、お手伝いしますが」

「撮影？　そんなんせんです。作る連中は別におるし。おれらは完成品をチェックするだけやから」

そうなんだ。現場を組み、それを仕切り、編集して――制作ときいてそういう仕事をぼくは想像していたのだが――。

その日の昼すぎTが、

「5時に制作会社のKさんが打ち合わせにくるけど、いっしょにでませんか」とふってきたので、出ますと即答した。

制作会社社長のKは、応接室のソファにすわるとファミコンのソフトほどの大きさの、青いプラスチックの箱をTにわたした。

「どんな感じです？」Tがきく。

「118分と30秒ぴったし。ノイズなし、音トビなし」

金髪が中途半端に伸びプリンになった小太りのＫはタバコの先をテーブルの上でトントン叩きながらいった。

このあとＴとＫのあいだにＡＶの話はいっさいでず、歌舞伎町にコギャルキャバクラができたとか、渋谷によく出るパチンコ屋があるとか、そんな話ばかりしていた。

Ｋをエレベーターまで見送り、席にもどってからＴがさっきの青い箱をぼくに差し出し、

「これマスターテープ。見て問題なければ工場送っといて。工場便の送り状あるんで、それ貼って送ればええですよ」

フロア奥にある視聴ブースでそれを見る。モザイクはかかってない。特段ＡＶ好きでもないので、桃色のビラビラに青筋立てた男性器がニュプニュプ出し入れされるのをドアップで見ても、これといった感動はなかった。

Ｔは問題なければといっていたが、なにが問題でなにが問題でないのかもわからない。見終わったので、指示をあおごうと席にもどるもすでにＴは帰っており、だからいわれた通り工場便に出しておいた。

翌日は昼過ぎから女優面接があった。Ｔとともに打ち合わせブースにいくとすでに女優陣が待っていた。奥に男性事務所マネージャー、まんなかに女優、入口に近い席にきのうの制作会社社長のＫの３人。Ｔとぼくが着席すると、すぐにマネージャーが女優のプロフィール用紙を

Tにわたした。A4サイズの紙に着衣全身、パンツ1枚全身、バストアップ（ブラなし）の写真が貼られ、余白には身長、体重、3サイズに趣味、特技、NGプレーが記載されている。Tは用紙に目を通しつつ、ときおりむかいの女優をちらちら見ている。その間Kが「彼女はジャパンさんで専属デビューして、そのあと3本延長、それから△社さんでも3本撮って――」とまくしたて、たまにとなりの女優に「○○ちゃん、そうだよね」と話をふり、ふられると彼女も答えたが、ほとんどKがひとりでしゃべり、最初から最後までこの場を仕切っていた。20分ほどで面接は終わり、Kは「マネージャー、下の喫茶店で待ってて。Tさんと話しつめるから」といって、女優とマネージャーのふたりを帰した。

「どうすか、いいでしょ。売れますよ。ジャパンさん専属ですもん、間違いないすよ」

「いくらですか」

「ジャパンさんでサンゴー。でもサンに落とせますよ。だけどギャラ落とした手前5本はほしいかな」

「……」Tは考えている。

「いってもジャパンデビューですから。迷ってるとほかに取られちゃいますよ」

「わかりました。おねがいします」

ギャラ300万の5本契約。大きな金が動くわりにあっさりしたものであった。

ところで楠本は初日以外まったく見かけなかった。彼は社員ではなくフリーのような立場で、だから自由出勤OKであり、また名古屋の店も完全に手放したわけではなく、ここ数日は名古屋にいるようであった。

ある日、出社してきたTは、じぶんのデスクの上に置いてあった紙を手に取り、一瞥《いちべつ》しただけですぐにとなりのぼくにわたしてきた。

そこには大きく太字で〈香盤表《こうばんひょう》〉とあり、下に①イメージ（全裸・庭）②フェラ～昼食～③カラミと、それが⑥までつづき、最後に20時撤収と書かれてあった。香盤表とカラミの意味がわからなかったのでTにきくと、香盤表はスケジュール、カラミはセックス、とのこと。

「読んだ？　どうです？」Tがたずねてきた。

どうと言われてもこまる。なんとこたえようか迷っていると、

「OKです、これで進めてくださいって、Kさんに電話しといて」

「わかりました。ところでこの現場、ぼくらいくんですか？」

「いやいや、いかへんです。いったってやることないし」

Tも最初のころは現場に顔を出していたそうだが、アウェー感がハンパなく、いつのまにかいかなくなったそう。

「じぶんらいってもむこうのスタッフとか、いやがるだけやから。恩地くんもいかんほうがええですよ」

それからしばらくたったある日のこと、Tが「恩地くん、あした現場いってみる?」とふってきた。きくとKから現場にさそわれたが、じぶんはいきたくないので、代わりにいってほしい、と。

「あす、朝9時に新宿スバルビルまえにいくように(スバルビルは新宿駅西口にあり、AV撮影の待ち合わせのメッカ)。おれの代わりにうちの恩地がいくって、Kさんには連絡しとくんで」

翌日9時にスバルビルにつくと先にきていた制作会社の人に白のワゴン車に案内された。3列シート。制作会社の社員が運転、助手席に社長のK、2列めに女優とマネージャー、ぼくは3列めにすわった。これから千葉の海沿いにある旅館にいくという。

昼前に旅館につくと、ちょっとまえにスタッフらもついたようで、ちょうど荷物の搬入をしていた。軽いものなら持とうと、手近にあったボストンバッグを持ちあげると、制作会社の社員から、「いいです、そんなことしなくて。スーツが汚れます」と止められた。そうはいってもみなが忙しくしているなか、ひとりぼーっと立っているのもしのびなく、横を見ると初老の男性スタッフが重そうに台車を押していたので手伝ってあげようとしたら、その人からも「いいから」とにべもなくいわれてしまった。

Kに案内され、2階の部屋にいく。六畳二間、窓のむこうは見渡す限りの海。

「恩地さん、ひとりですから。テレビでも見ててください」

女優とメイク2人で1部屋（マネージャーは狭い1人部屋を与えられていた）、Kふくめスタッフや男優は1階の大広間でざこ寝だそう。

「1時から下の大広間でカラミを撮ります。よかったら見にきてください」

時間通りにいくとすでにはじまっていた。ふすまをそっと開けて中にはいる。高さ2メートル半ほどもあるチューリップのような形の照明が目に飛びこんでき、それが間隔をおいて3つ立っている。畳のうえに布団が敷かれ、はだかの女優と男優がセックスしていた。そのまわりにVTRカメラマン、先端にマイクのついた物干し竿みたいなものを持った音声マン、テニスラケットほどの大きさの手持ちライトを持った照明マン、それとスチールカメラマンの計4人。その人数に囲まれていると、中の女優と男優の様子はほぼわからない。監督は、というと部屋の隅で10インチほどの大きさのモニターをのぞいていた。

監督がカットをかける。すると「はいります！」と高い声。メイクの女性が小走りに女優へ駆けよりメイクを直す。このときADは瞬時に女優にバスローブをかけ、メイク直しがおわると、すぐに手にもっていたペットボトルのミネラルウォーターを女優の顔のまえに差し出した。飲みやすいようストローつき。キャップの中央に小さな穴をあけそこに挿してある。女優は手も使わずストローからちゅうちゅう水を飲んだ。

この現場にはADが2人いた。ひとりのADはいまのように女優付き、もうひとりは床のコードをたばねて移動していた。VTRカメラとモニターをつなぐコード、音声マイクのコード、手持ちライトのコード、床がコードだらけなのだ。スタッフが誤って足をひっかけないよう彼はこれらのコードをたばね、邪魔にならないよう目くばりしながら動いていた。

スタッフの多さもだが、専属メイクがいたこともおどろいた。風俗誌では表紙やグラビアでさえ風俗嬢自身がメイクしていたから。

「シーン4は角部屋。それおわったら大広間で乱交……そうだなあ、18時半、いや19時にスタートしま〜す」監督がよく通る声でいった。

角部屋はともかく乱交も見る気満々でいたところ、18時半ころ部屋にノックがあり「お食事の用意ができました」と仲居の声。すると3人の仲居がぞろぞろはいってきてテーブルのうえに海の幸山の幸をところせましとならべはじめた。乱交がはじまってしまう。後で食べようかと迷ったが、いま食べないと彼女らの仕事が片づかない。よし、いそいで食べてしまおう、そう思って箸をつけたはいいが、食事がのどを通らない。仕事らしい仕事などいっさいしておらず、お腹がすいてないのだ。

旅館側に申し訳がたつ程度に食事を片づけ、1階におりると広間のまえの廊下でKが携帯をいじっていて、ぼくと目が合うと一瞬おどろくも、すぐに携帯に目をもどし「おんなじですよ」と興味なさそうにいった。かまわずふすまを開け中にはいるも、乱交要員の男優らの背中で中の様子はほとんど見えず、やはり部屋にもどることにした。

床に就いてからどのくらいたったろう、人声で目が覚めた。階下から聞こえてくる。ときおりどっとわきあがる声。どうやら打ち上げが行われているようだ。

ぼくの入社する約1年まえにうちの会社はAVに参入した。最初はビデ倫に加盟していたが、いまは脱会してインディーズである。

ビデ倫とはAVの審査団体であり、ここに加盟しているメーカーをビデ倫系、加盟していないのを独立系という意味でインディーズと呼んだ。AV草創期の1980年代頭から活動してるのがビデ倫系で、インディーズは1990年代中ごろに誕生。違いはレンタル店に置かれるか置かれないか。ビデ倫の審査を受けている場合のみ置かれるのだ。だったらビデ倫に加盟して審査を受けたほうがいいようにおもうが、この手の団体は、やる気まんまん、進取の精神に富んだ新参者を煙たがるところがある。新入りは二歩も三歩もひき自己主張しないほうがいい。杭を出そうものなら古参の大手メーカーにガツンとたたかれる。

「ビデ倫なんてアカンよ。仲良しごっこしてたって衰退するばっかやのに。見とってみい、連中そのうち泡食うよ」

社長はよくそういっていた。

この人は一代で財をなした人である。地元でビデオレンタル店を立ちあげチェーン化に成功。その過程でAVの隆盛を目の当たりにし、いま参入したら大儲けできると東京にきてメーカーをはじめた。そしてこれはあとからわかったことだが本当はITで成功したく、そのためのコンテンツとしてAVをはじめたのであった。先見性と進取果敢の精神をもった根っからの起業家であり、既得権益の権化であるビデ倫系メーカーの連中とは合うはずがないのだ。で、脱会してインディーズとなったが社長のなかで勝算は十分にあった。ビデ倫系の主戦場がレンタル店であるのに対し、インディーズのそれはビデオ販売店である。当時はビデオ安売王を筆頭に地方のロードサイドにビデオ販売店が雨後のタケノコのようにできており、これからもどんどん増え続けるはず。売る土壌にはこまらない。そして脱会と同時に呼ばれたのが楠本であった。社長はそれまでの制作主任をクビにし、代わりに楠本をすえた。

楠本は人脈作りと、それらを組織化するオーガナイザーとしての才覚に秀でており、とくに募集もかけてないのに、どこで見つけてくるのか、見込みのありそうな制作候補をつぎつぎと入社させた。そして2000年の暮れには5人の新体制がかたまった（Tはすでに退社）。とくにだれをリーダーと楠本が指名したわけではないが、数カ月後には自然と加藤という男がそのポジションにおさまった。唯一の経験者ということもあったが（ほかのインディーズ系で数年プロデューサーをやっていた）、なによりキレ者だったのだ。毎朝美容室に寄ってから出社しているかのようなキメキメの髪、ファッション誌そのまんまの服、芸能からナイトライフに食、すべての流行りものに精通、大学のサークルはメディア研究会。一歩まちがえばチャラ男だが、TPOによって剛柔つかいわけていた。頭がいいのだ。

楠本がこのように制作部を編成するあいだ、社長がおこなったのは業界を揺るがすことであった。AVの委託販売化。それまでのAVはCD同様買取商品であった。それを書籍とおなじように委託にしたのだ。これだと売れないAVは返品すればいいわけで店舗にとってはこの上なくありがたく、当然うちの商品を優先的に仕入れるようになり、すると他社もこれに追随、流通システムが一気に様変わりした。ところでこのほかにも大きな改革があり、ひとつは1本5,6000円だったAVを2980円にした、ソフト・オン・デマンドによる価格破壊。もうひとつは桃太郎映像出版のモザイク。それまでは円形のモザイクを結合部全体に無造作にかけただけだったものを、性器の形にそってトリミング、またブロックも小さくし、それを抜き差しにあわせて動かす。いわゆるデジタルモザイクである。個人的にはこのふたつに委託販売をくわえた3つがインディーズにおける3大革命とおもっている。

総監督楠本、リーダー加藤の新体制となった制作部であったが、まずは目指す方向をさだめなくてはならない。インディーズには先行ランナーとしてソフト・オン・デマンドというメーカーがあり、ここは斬新な企画とテレビ技術者あがりの制作陣による高い制作力で、企画系AVの秀作を数多くリリースしていた。かれらの土俵で勝負しても勝目はない。そこで楠本が描いた青写真はハイスペックな女優を専属につけてのキャスティング勝負であった。女優力にものを言わせてのそれならさほど制作力はいらない。が、ここにひとつ問題があった。有力な単体女優（1本にその女優ひとりだけ。パッケージには1人で写る）はビデ倫系の独占状態にあり、ここにうちが割ってはいる余地などなかったのだ。

事務所に「新人の単体女優、うちに持ってきてください」と直談判してはいけないのか。業界の慣習として、事務所と制作会社でひとつのセットと決まっており（当時、女優面接には必ず制作会社の人間が同席していた）、事務所に新人女優がはいったならマネージャーは直接メーカーに営業をかけるのではなく、懇意にしている制作会社といっしょにメーカーに営業をかけるのである。そして契約が決まったら、その女優の作品はそこの制作会社が一括制作する、このような決まりがあった。

なぜ制作会社が間にはいるのか。トラブル対策である。セックスをあつかう仕事ゆえどんなに注意していても現場でなにかしらのトラブルがおこる。男優の手マンがはげしく膣が傷ついた。2ガラミのはずが3ガラミだった。事務所NGの男優（その事務所の所属女優のときは現場に呼んではならない男優）がいた。弁当がまずい。気持ち悪いADがいた……こういったことを女優がマネージャーにグチり、すると事務所は女優の手前、みずからの威信を示すべくメーカーにクレームをいれようとする。これに待ったをかけるのが制作会社の仕事なのだ。「あそこのメーカーはお得意様だから今回は泣いてよ」「これ貸しにして、微妙な女優、専属にしてもらえばいいじゃん」などなだめすかす。こういった懐柔の巧拙は、制作会社として生き残っていくうえで重要なポイントであった。

　流れとして単体候補があがったら事務所と制作会社はまずビデ倫系をまわる。ビデ倫系とインディーズを並行してまわることは絶対にない。インディーズは〝格下〟と見られており、もし仮にインディーズデビューの新人がいたとしたら業界的には「あの女優、ビデ倫どこも決まらなかったんだ」とあわれみの目でみられた。大手ビデ倫系とインディーズは横綱と十両くらいの格差があったろう。だから当時われわれが撮ることのできる単体女優はビデ倫系で何年も活躍したあとのベテランにかぎられていた。

　ある日のこと会社にやってきた楠本は、制作全員をじぶんのデスクに集めた。なにかいいことでもあったのか顔が半分笑っている。楠本はやにわにヴィトンのバッグからA4サイズの封筒を出し、なかから1枚の宣材《せんざい》（プロフィール用紙）をとり出した。みなの目が写真に集まる。

「どう？」と楠本。

が、ぼくたちの反応は鈍い。

「なんや、あかんか？」楠本は少々自信なげに問いかける。

「かわいいですよ」「めちゃくちゃいいですね」ぽつぽつ声があがる。たしかにかわいい。だがこの女優がどうしたというのか。

「400！」

5人の制作部員はそれぞれ顔を見合わせる。

「12本！」

1本400万の12本契約である。当時ビデ倫系相場ですら300から350、本数も5、6本が上限であったから、これがどれだけ大型契約かわかろうというもの。

「彼女、新人ですよね。ビデ倫じゃなくてうちが最初なんですか？」加藤がきく。

「そうや」自信満々の楠本。

「で、どこの仕切りですか？」どこの制作会社の持ちこみ女優かという意味だ。

「仕切り？　ちゃうちゃう！　直《ちょく》、直だって」

制作会社を通してないわけだ。それはなんのしがらみもなく撮れることを意味する。制作会社仕切りだとどうしても得手不得手があり、彼らの得意な企画しかやれなくなってしまう。たとえばドラマものを撮りたいとして、そこの制作が「うちはドラマ苦手なんですよ」とくればあきらめざるをえない。直ということはそういう足かせがなくなり、得意なジャンルをもった制作会社に作品単位でふることができる。

しかしどういう裏ワザをつかって直契約をしたのか（この数年後芸能方面に進出する楠本にとって、女優の直契約などスケールの小さい話なんだろう）。

Ｍ社（うちのこと）が超大型契約をしたという噂はすぐにひろまり、これを機に事務所がつぎからつぎへと、それも新人女優をもってくるようになった。もちろん直で。例の制作会社とタッグでの持ちこみルールはいまやなしくずしとなった。

あるとき楠本にきいたことがある。

「楠本さん、ビデ倫はなんもいってこないんですか？」

「ビデ倫が？　なんで」

「だって、いままでのルールを――」

「ＡＶ村にはいってビデ倫様にまもってもらうのがいいのか、戦って奪い取るほうがいいのか。社長もぼくもビジネスにかんしてはケンカ上等なんでね」

このころから業界がどんどん変わりはじめた。ビデ倫系しか扱わなかったレンタル店がインディーズを解禁、無審査作品も店にならぶようになった。ビデ倫系が従来の定価1万5000円を3980円まで下げビデオ販売店で売るようになった。ここにきて両者の差はなくなり、唯一のちがいといえばビデ倫という審査団体に加盟しているかしてないか、それだけであった。ビデ倫系∨インディーズの格付けは崩壊、もうだれもぼくたちをインディーズとは呼ばなくなった。

第二章　知られざる業界の裏側

監督の売りこみも目に見えてふえた。当時はビデオ誌の広告に会社の住所・電話番号も載せており、そこ宛に、履歴書を郵送してきたり電話をかけてきたり、なかにはアポなしでくる人もいたり。監督経験の有無関係なくアプローチしてきた人にはいちどは会うべし、という加藤の方針もあり、われわれ5人のプロデューサーは、それがアポなしであろうが会社にいるときは極力会わなければならなかった。

その男はアポなしでやってきた。それも昼イチできたので全員そろっており（うちの出社時間は昼の12時であった）、応接室で5人と相対することとなった。黒の革ジャンにジーンズ、ライダーブーツ。ソファの上にはフルフェイスのヘルメットと革手袋。持ち物はこれだけ。とくに資料のようなものはなさそう。出されたアイスコーヒーをごくごく飲み、ことわりもなくタバコに火をつけた。名を張川という。

「いやあ、おたくはいい会社ですね。○○と△△はダメですね。電話しても『新規の制作とは取引してないんです』、××は電話してもいつだって担当者不在で、◎◎なんかは――」

どれもビデ倫系である。毎回門前払いをくらってきたんだろう。

「ところで張川さんAV撮ったことは？」加藤がきく。

「昔、地下ビデオっぽいのを数本撮ったことあるんすけど。ただおれはふだんはテレビの技術屋やってて、そんだから、たまに会社の紹介ビデオとかやったりで、カメラの使い方とか、あと機材、そういうのは完璧わかってて、こないだ発売のソニーの新型の――」

加藤は張川の話をさえぎり「弊社で撮ってみたいAVとかはあるんですか?」ときく。

「あーそうですね」空のグラスがかたかたうるさい。張川の貧乏ゆすりだ。「ナンパとか、旅ものとかもいいですね。あとアメリカンポルノ的な、それか……」だが、つぎのことばが出てこない。

そのころ多かったAVバブルに乗じてのひと儲け的な、この男もそんな山師《やまし》のたぐいだろうと、加藤は適当なタイミングで面談を終わらせた。このとき全員と名刺交換したのだが、張川はこの会社に食いこむにはこいつしかいない、とどうやらぼくにターゲットをしぼったようで、翌日から張川の電話ラッシュがはじまった。

根負けしたぼくは張川と会った。

「2穴あるじゃないですか」と張川。

2穴とはマ○コとアナルに同時に2本男性器をいれることである。

「で、ですね、おれのやりたいのは〈7穴〉なんすよ」

7……たしかに口、鼻、耳をいれれば人間のからだにはぜんぶで7つの穴がある。

「いくらなんでも、鼻や耳にははいらないんじゃないですか」

「両手と口です」

手でチ〇ポをつかんださい、手は丸になっているので、穴といえないこともない。だが両手を穴とカウントしてもまだ5穴だ。

「口に3本いれるんです」

「3本⁉　口にですか」

加藤と相談してみます、といったん保留にしたが、翌日からまたも電話ラッシュ。あるとき加藤から「例の張川さんのあれ、やってみれば」といわれた。加藤にも張川からの電話がかかってきてるそう。

気乗りがしなかったがやることにした。女優も事務所所属ではなく張川の知り合いのホストが抱えていた子。こういったハード企画は老舗の事務所はぜったいにやらせてはくれない（理由は第三章で）。

結局口には1本しかはいらなかったが、女優のがんばりもあり都合5穴は成功した。ぼくは現場にも顔を出したが、いったいこのサーカスというか中国雑技団というか、そのよさはまるでわからなかったが、こういうのが好みの男は少なからずいるようで、けっこうな本数が売れた。企画女優（パッケージにピンで載ることはない。バラエティものにその他大勢で出る女優）であったにもかかわらず、だ。

この作品があたってから、社内でのぼくの立ち位置は〈ハード企画系プロデューサー〉となり、その手のものを撮りたい監督の応対はぼくにまわされるようになった。

女優Nは本来であれば単体というより企画単体クラスであったろう〈企画単体とは単体と企画のあいだのポジション。専属契約はない。メーカー専属〈他社には出られない〉になってはじめて単体女優とよばれる〉。しかしハード企画もやらせますんでなんとか、とマネージャーとブローカーHからのプッシュもあり、単体として契約した。顔とボディが単体の絶対条件だが、そのレベルに満たない場合、プレーのハードさでその溝を埋めることがあった。

彼女が所属していたのはそのころ多かった「なんちゃってプロダクション」である。社長ひとりに女優ひとり。プロダクションとしての実態はないが「○○プロモーション」とそれらしい名前をつけ体裁だけ整えたのが「なんちゃって〜」である。彼らの多くがスカウトマンやホストだったりするのだが（この2つはかぶっていて、ホストは昼にスカウトをやってることが多い）、通常は街でスカウトして女の子をあげた場合、プロダクションにもっていく。企画レベルなら買取り、単体レベルだと、その子の専属契約が決まった場合、ギャラの何％かがスカウトの取り分となる。1／3だったり40〜50％くらいだったりと割合はまちまち。それがAVバブルで単体が決まりやすくなり、するとプロダクションに金抜かれるなんてアホらしい、じぶんでメーカー営業してギャラを女優と2人で分けたい、そう考えるスカウトマンが出てきた。

彼らのような男たちが「なんちゃって〜」を立ちあげていた。女優Nの事務所もそんななかの1つ。だが事務所をはじめたはいいが、ほどなくしてそんな甘いものではなかったことを知る。彼らにはコネもなく、そもそもどこにどんなメーカーがあるのかもわかっておらず、営業しようにも、その手掛かりすらないのだ。そんな彼らに救いの手を差しのべるのがブローカーである。具体的にはメーカーと彼らの橋渡しをする。ブローカーの多くは制作会社の社長であり、橋渡しをし、メーカーとプロダクション間の契約が成立したさい、その制作をふってもらえるから率先して橋渡しを買って出るのだ。例のプロダクションと制作会社のセットシステムはすでになくなっており、だからふらなければならない法はないのだが、メーカーは橋渡しをしてくれたお礼に数本はふっていた。たとえば5本契約なら2、3本はブローカーの制作会社で、というように。

今回のブローカーはHであり、だから本来、そのデビュー作はHの制作会社にふるのが筋ではあったが、彼女にかんしてはハード路線で売りたいというぼくの意向と、うちの会社はハードはちょっと、というHの及び腰もあり、こないだ売りこみにきたMにやってもらうことにした。

Mは180センチ、130キロの巨漢、金髪でいつもサッカー日本代表か、海外のサッカークラブのユニを着、ジーンズの腰付近から幾本ものチェーンをたらし、歩くたびにジャラジャラいわせていた。数々の武勇伝を持つらしい元チーマーである。

事務所の社長兼マネージャーのFは20代半ばくらい。高校中退して美容師をやっていたのだが、数年でやめそのあとはトラックの運転手をやりつつ、スカウトもやっていた。そのスカウトでゲットしたのが、今回のNである。Fは小柄だが筋肉質、髪は短い金髪、スカウトマンというわりに言動等チャラついたところはなく、いつもじーっと考え、それからボソリと発言した。スーツの腕やシャツの首元からは刺青がみえる。

さて撮影。あすがNの中出しデビュー、その本番なんだが、その前日に心境をインタビューすることになった。監督の希望でNのマンションで撮りたいという。まあインタビューだけだからぼくが顔を出す必要もなかろうと監督と女優ふたりきりの撮影であった。

夜の8時すぎ、監督Mからの電話。終了のそれだろうと思って出るとその声はいつものオラついたトーンではない。

「ヤバいっす。床にたおれてハーハーいってて。そんで苦しそうで」泣きそうな声。つづけて
「たぶん過呼吸っす。ねえ、どうしましょう」

「ど、どうしましょうって」

この業界、女優はよく過呼吸になる。だからそれについて以前どこかの制作会社の人からレクチャーを受けたことがあった。たしか過呼吸は肺に酸素が多くいきすぎたため発症するから、

応急処置として頭から袋をかぶせるなどし、肺に二酸化炭素を送りこめばいいと。それを思い出した。

「部屋の中にコンビニの袋とかあるでしょ、それ彼女の頭にかぶせてみてください」

「おれがやるんすか⁉　そんなんして窒息したら」

「窒息って……でもやんないと」

「ハーハーいってます、おれ逮捕されますか、殺人ですか、警察いきますか」

Mの精神状態もおかしくなってきた。袋以外のものをかぶせそうだ。

「わかりました。救急車呼んでください。ぼくもすぐにいきます」

このあとFにも電話し事情を話したがめぼしい反応はなく、搬送先がわかったらすぐに連絡しますといって切った。

ぼくとMは搬送先の病院のロビーで落ちあった。どういうことかたずねるも、家の引き出し開けてたら突然なったという。ほんとうのことといってないなとは思ったが、詰問しなかった
(後日Nにきいたら、Mが卒業アルバムを撮りはじめ、やめてほしいといったが聞きいれられず、なんどか押し問答があって、そしたら息が苦しくなったとのこと)。

「そろそろFさんが来るころだから、玄関で待ちましょう」

ふたりはロビーを出た。

玄関まえで待つこと数分。表門のまえに1台のタクシーがとまり、すると後部座席からなにかの塊があらわれた。鈍く光っている。その塊が速いピッチでこちらへとむかってくる。道路からふたりのいる玄関まで50メートルほどの距離があるのだが、塊は徐々に人間の形になってきた。Fである。Fの着ている白いスーツ、その白がレフ板《ばん》となり、まわりの光をあつめて鈍く光っていたのだ。

Fが近づきつつあるなか、ぼくはどう止めたらいいのか考えていた。明らかに白スーツは勝負服である。きっとFはMをなぐるだろう。全身筋肉と体重130キロのバトル。無差別級だ。どんどん近づき、残り十数メートルほどになったとき、あれ？　とおもった。Fの足の運びの先がMではなくぼくなのだ。視線もこっち。想定外の展開に泡食ってるとあっというまにぼくの正面に立ったFは、ぼくの胸ぐらをつかむや軽々ともちあげた。ぼくはつま先だちの状態で「ちょちょちょ、おれじゃないって。M、M！　Mさんだって」プロデューサーとしての立場も忘れ、思わず本音がでてしまった。するといきなり横で野太い声があがる。Mが路上にくずおれ、頭を地面につけウォンウォン泣きはじめた。

しばらくして冷静になった3人は病室に様子を見にいくと、彼女はベッドに片肘ついてテレビを見ていた。ピンピンしており、おそるおそるあすの撮影を切り出すと「ぜんぜんやります！」

昔ながらのシステムなら、こういったトラブルは制作会社のほうで万事うまくおさめてくれていたんだろう。改革に痛みはつきものということだ。

ほとんどのメーカーには制作プロデューサーとは別にキャスティング担当者がいたが、うちはそういった役職はおかず、プロデューサーが各自、事務所とやり取りして女優面接をおこない、ギャラおよび契約本数まで決めていた（最終判断は加藤）。そうなると各プロデューサーになじみの事務所ができてくる。Aは単体系事務所と懇意にしている、Bは中堅どころをおさえている、Cは所属女優が多い大型事務所——といった感じで、それぞれのテリトリーがあった。ぼくは張川とのコラボからハード系のイメージを持たれたようで、いろんな事務所からなんでもやります系の女優を持ちこまれることが多かった。

だが最初の5人衆（新人も増え、いまでは10人ほど制作部員がいた）のなかで相馬だけが自身の特色がもてなかった。ぼくの3カ月あとに楠本が連れてきた彼は、加藤以外どちらかというとおとなしい他の3人とちがい、肉食で好戦的、不正や不道徳を看過できない生真面目なタイプであった。

あるときゴックン100発できるというふれこみの女優を相馬が担当した。ゴックンとは精子を飲むこと（ゴックンする）をいう。ところが現場で50発強で女優がダウンとなった。こういうときだいたいプロデューサーのほうが「きりのいい60発までがんばってよしとしましょう」などと折れる。だが相馬は折れず１００発をゆずらなかった。噂はすぐにひろまる。「あの人、鬼だよ」。以降事務所のマネージャーから、相馬は敬遠されることとなった。

だが彼は逆境をプラスに変えた。企画ＡＶに活路を見い出したのだ。たとえばナンパもの。ふつうは素人と謳いつつ無名の企画女優でお茶をにごしたりするものだが、彼は徹頭徹尾ガチナンパと素人にこだわった。女子大生企画ならぜったいに大学生、人妻ものしかり。女子アナものを企画すれば、わざわざ女優をアナウンススクールに入学までさせた。金と時間はかかったが、尋常でないこだわりがユーザーにも伝わるのだろう、彼の担当した作品は売れた。

それは張川の持ちこみ企画であった。企画書には「痴漢電車」と仮タイトル。内容は、電車に女優を乗せ、そのまわりに汁男《しるだん》を配し、彼らに女優を痴漢させる。それに触発され、まぢかで見ていた一般乗客らが、おれもおれもと女優に触りはじめる。ようするに汁男をおとりにガチ痴漢を誘発させるわけだ。その臨場感をカメラにおさめる。

ぼくはピンとこなかったのでことわったが、張川はつぎにこれを相馬に持ちこみ、結果ＧＯとなった。ところで汁男とは、ＡＶバブルによって男優志願者がどんどん業界に流入、だがすぐにカラミなどできるはずもなく、最初は射精要員からスタートとなる。そんな彼らをカラミ男優と区別するため精子男優と呼び、それがいつのまにか汁男優となった。略して〝汁男〟。

超のつくメカおたくである張川は撮影機材だけでなく、ラジコン、バイク、エアガン、アマチュア無線などにも精通しており、痴漢電車は彼の〝メカ愛〟を存分に発揮できる企画でもあった。本物の電車なので堂々と撮れるはずもなく、超小型カメラを使って盗撮するのだが、これらを野球帽、革靴の先端、オフィス用バッグの側面などにとりつけた。あとは俯瞰《ふかん》で全体の画を撮りたいのだが、電車内部にカメラをとりつけるわけにもいかず、ではどうしたのかというと、弓道の弓、あれを収納するふくろの先端につけたのだ。これだと車両の天井ほどの高さを確保できる。リアリティを出すため上着、はかま、バカでかい巾着袋など一式そろえた。乗る線もきまっている。当時埼京線の上《のぼ》りなら最後尾、下《くだ》りなら先頭車両が痴漢のメッカといわれており（都市伝説？）、その車両に朝や夜のラッシュ時をねらって乗ったのだ。

さすがは相馬、ねらい通りどの電車に乗っても一般乗客が参加しての大痴漢大会となった。が、大成功と思いきや、撮った映像がダメダメであった。小型ワイヤレスカメラというただでさえ低機能な機材にくわえ満員電車内という状況で、画はブレブレ、音がはいってない、暗すぎて見えないなど、とても作品に耐えうる素材ではなく、相馬は激怒、撮り直しを命じ、張川は以降、ほかの仕事もそこそこ、ほぼ痴漢電車にかかりきりとなった。

そのころぼくは張川の事務所に夜な夜なおじゃましていた。というのも会社が飲み会のたびにカメラをまわすのだが、ぼくがそれらの編集を一手にまかされており、そのため張川のところの編集機を借りていたのだ。もちろん通常業務外なので夜にしかいけない。いくとかならず張川もいて痴漢電車の編集をしていた。

ぼくが編集しているととなりの張川が舌打ちだったり「あちゃー撮れてねえし」「おいおい、カバンで見えねえよ」などしょっちゅうボヤキがはいり、それを横で聞きながら「たいへんですねえ」「制作費倍でもよかったんじゃないですか」などなぐさめていたのだが、2週間もするころには思いつめた顔になり、ボヤキも聞かれなくなった。ぼくのほうは編集がひと区切りついたので足が遠のいたが、それからひと月後、つぎの飲み会の編集のためにたずねると、まだ痴漢をやっていた。横にすわっていると、どこか悪いのか呼吸のたび張川の口からすえたにおいが漂ってくる。

「だいじょうぶですか。顔ドス黒いですよ」

「いやあもう、ちゃんと撮れないし、トラブルもしょっちゅうだし……弓道部のカッコして例のくそでかい巾着袋もって乗りこむじゃないですか。満員電車に巾着持ってるだけでも迷惑なのに、カメラ位置の関係で電車内をそのカッコで強引に移動するんすよ。それで乗客からよくケンカうられて」

「弓道のカッコする必要あるんですか。弓だけじゃダメなんですか」

「あの人のこだわりでしょ。こないだなんか横でガチの痴漢がはじまったんですね。女優じゃなくて一般の女性客をどっかのおっさんが触ってて。そしたらいきなりですよ『触ってんじゃねえ！』っておっさんの胸ぐらつかんで、つぎの駅で降りて、おっさん押さえつけながら『駅員よべ。おい、だれか！』って大声で。おれらだってこんな撮影してんのに駅員なんかに来られた日にゃあ、ですよ。まったく。いきなりスイッチはいるからなあ、それもこまめに」

「あとどれくらいで完成ですか」

「ぜんっぜん。いいとこ半分かなあ……あーあ、やんなきゃよかった。なんであの人んとこなんか持ってってっちゃったんだろう」

あの張川がめずらしく弱気であった。

ある日のこと、編集してると事務所にがやがやと数人の男たちがはいってきて、しばらくするとこんどはAV女優らしき女の子が張川といっしょにやってきた。

「恩地さん、ちょっとうるさくしますが。あと携帯だけ切っといてください」

わかりましたといい、引き続き編集していると、部屋のあかりが消えしばらくするとむこうからアエギ声が聞こえてきた。編集を中断し、声のするほうにいってみると、男たち3、4人が女の子をとりかこみ、胸を触ったり、パンツに手をいれたりしている。そのまわりを岩盤掘削《がんばんくっさく》の人がかぶるようなライトつきヘルメット姿の張川が、手に小型カメラをもって、しゃがんだり立ち上がったりしながら「感じてる顔して」「手がじゃま。下から触って」など指示を出しつつ、スカートの中、胸の正面などを撮っていた。

1時間ほどで終わったろうか、編集しているぼくの横に張川がやってきて、イスに倒れこむようにしてすわり「ぜったいいわないでくださいね……バレたら出禁だな」といった。そしてジッポライターのフタをことさら大きく鳴らして開け、つけたタバコの煙を長々とはいた。

『痴漢電車』はリリースされるや1カ月で1万枚に迫るヒットを記録。超A級単体女優ならともかく、企画ものとしては破格の枚数。当然のこと相馬は第2弾をオファーするも、続編が出ることはなかった。

2003年は業界全体が右肩あがりであった。実感としてインディーズがビデ倫系を抜いたと思う。すでにインディーズとビデ倫系の違いなどなく、この2つを比べること自体ナンセンスではあったが、それでも300（万）の年契（12本）が出ただの、制作費1000万の大作だの、ライバルメーカー同士がコラボしただの、景気のいい話、エポックな事件、メディア受けする話題、すべてかつてインディーズと呼ばれたメーカー発であった。わずか3年でそっくりその立場が逆転してしまったのである。

ぼくはといえば、いまではすべての現場に顔を出すようになった。いつも行っていると監督との距離も近くなり「時間おしてるんでオナニー欠番《けつばん》（そのシーンの撮影を中止すること）にしましょう」「天気わるいんで外シーンやめて別のにしません？」など以前には考えられなかった中身の相談や提案もされるようになった。

ところで現場にいくうちに不思議なことを発見した。どの制作会社の現場であっても必ずコンデンスミルクが用意されているのだ。赤白のチューブにはいった、イチゴなどにかけるあれ。なぜコンデンスミルク？　ついにその使い道がわかる日がきた。

男優の調子がわるく、なかなか発射ができない。時間ばかりが過ぎていく。

「しょうがない。擬似《ぎじ》いこう」監督がいう。そしてＡＤを見てうなずくとＡＤは飛び出していき、すぐに生卵のパックを買ってもどってきた。そして卵から黄身だけを取り除け、白身を紙コップにいれ、そこにコンデンスミルクをしぼりいれ、割り箸でかきまぜた。つぎに備品箱からスポイトを取り出し、先端部分をハサミで切って胴体部分だけを残し、紙コップの中身を吸入させ、それを男優に手わたした。

「じゃあ10秒まえから」監督がいう。

チ◯ポを女優の下腹部の下にいれて隠し、やってるふりをし、10秒ほど腰をふってから、アーアー、アアーッとさけんで立ち上がり、右手に隠していたスポイトをチ◯ポの真下にあてがい、ぎゅっと握った。彼女の頬にその中身がドピュッとかかる。

コンデンスミルクは擬似精子の材料なのだ。

さっそくモニターをチェックする監督。ヘッドホンを耳にあて真剣に画面を見ている。

「ダメ。音はいってるわ」

握ったとき、カポッというスポイトがへこむ音がはいってしまったようだ。

「どうやってやってる？」

きかれた男優は発射するときの形をやってみせる。

「ちがうって。同時に握る。発射したあとはそのまま。すぐに手はなすなよ、プシュって音するから」

２、３度やりなおしてようやくＯＫが出た。

その女優はビデ倫系デビューだったが、数本出ただけですぐにインディーズに移ってきた。

面接はぼくがした。キレイでまじめで常識人だな、そんな印象。常識的であることは美徳ではあるが、ＡＶ的にはプラスに働かないこともある。単体女優はこすっからく、裏表があり、自己顕示欲が強いほうがいい。そのほうが短期的には売れるのだ。

そういった業界事情もあって、撮ろうか迷ったが、マネージャーにギャラをきくと意外なほど安く、それだったらとためしに撮ってみることにした。

すぐに監面《かんめん》をおこなった。業界用語で監督面接の略。メーカー面接をへて契約がきまったら、作品撮りになるわけだが、こんどは監督もまじえて内容打ち合わせをする。おそらく話の流れでそうなったんだと思うが、彼女の初恋の男性の家にいってピンポンダッシュするシーンを撮ろうということになった。彼女の育った街が関東圏で車で日帰りできる距離だったのだ。

行きの車のなかでの雑談で、AV続けようか迷っている、学校入り直して（それとも休学中だったか）、卒業して、そのあと就職して……そんな話をした記憶がある。この業界、引退作を撮ってもらえるなどほんのひと握り、大半のAV女優が半年から1年やって人知れずフェードアウトしていく。きっと彼女もそのパターンだろうと思った。彼女ならふつうに就職して結婚したほうが幸せになれる。それくらい普通でまじめ、典型的な「なんでこんな子がAVに」タイプだったのだ。

現場につき（閑静な住宅街）、その男性の家の前にわれわれの乗ったワゴン車を停めスタンバイ。後部座席には黒いフィルムが貼ってある。ADが様子を見るために出ていった。が、スモークフィルムで覆われた見慣れないワゴン車が停まり、ガムテープを何本もジーンズのベルトに通した、これまたここらでは見かけない男が家のまえをなんども行ったりきたりしていたことで、家の者が不審をいだいたのだろう、2階に人影があらわれた。男性のよう。このままここにとどまり続けたら警察に通報されるおそれもある。

「Nちゃん、どうする？」監督が女優にきく。どうしても必要というシーンでもなく、彼女がいやだといえば中止するつもりであった。

Nは後部座席から家の1階2階と目をやり、すぐに、

「やります」と返事をした。

ピンポンしてから走る距離がある程度ないと映像的にさまにならないので、ワゴン車を50メートルほどむこうに移動させ、彼女が車を降りるところからカメラをまわす。監督自身がカメラをもち彼女と並走する。ぼくは車の陰からその様子を見ていた。

ピンポンダッシュだからすぐに終わった。撮りおえ監督といっしょに車にもどってきた彼女にぼくはきいた。

「だいじょうぶだった？　問題なかった？」

ハーハーいいながらうなずいている。走った直後でまだ息が荒い。

「ところで家の中からだれか見てたじゃん。あれ知ってる人？」

「はい、例の、彼だとおもいます」

当たり前のことをふつうにしただけ、そんな淡々とした物言いであった。

この一件でイメージとちがい、ずいぶんキモのすわった子だなと思い直した。黒フィルム越

しにのぞいたときすぐに2階の男が初恋の相手とわかったはず。気の小さい子だったら「やっぱわたしできません」とことわってきただろう。

1年くらいでフェードアウトするだろうというこちらの予測に反し、彼女はそれからもながく女優を続けた。及川奈央ちゃんである。

彼女のような例は特別で、多くが続けたいと思っても続けられないのがAV女優であるが、反対にスキルとコミュニケーション能力さえあれば続けられるのが男優であり、ぼくと同期の森林くん、黒田くんなどはいまだ一線で活躍しているし、大島丈さん、戸川さんなどはぼくよりも古く、1990年代中ごろからやっているはずだ。

いまもっとも有名なAV男優といえば〝しみけん〟だろう。彼とも同期で、行く先々の現場でしょっちゅう顔をあわせていた。最初はフェラ男優だったがすぐにカラミ男優にステップアップした。おそらくまだ大学に在学中、年齢は20か21くらいだったのではないか。多くの男優は監督やスタッフとは気やすく話すが、メーカーのプロデューサー相手だと気がひけるのか、めったなことではむこうから話しかけてくることはない。しかししみけんはちがった。現場で顔をあわせると「こないだ、スバルビルまえで恩地さんみましたよ」「恩地さん、作家の見沢《みさわ》知廉《ちれん》に似てますね」など彼のほうから気軽に話しかけてきた。そういう人懐っこさと仕事の完璧さ（AV的体位の習得はもちろんのこと、発射も自在にコントロールできていた）もあいまってすぐに売れっ子となった。

ある現場で彼とゴールドフィンガーと呼ばれるレジェンド男優のK・Tさんの3Pがあった。Tさんと会うのははじめてらしい。夕方、Tさんが現場いりし、居間のテーブルでコーヒーを飲んでいるところにしみけんがやってきて、

「はじめまして。しみけんともうします。きょうはよろしくおねがいします」とあいさつした。するとTさんはすわったまましみけんをにらみつけ、こういった。

「しみけん？　フルネームで名乗れよ！」

しみけんははっとした顔になり、

「すいません、清○健です」と言いなおし、ふかぶかと頭をさげた。

3Pはうまくいかなかった。さっきのことがひっかかったのだろう、しみけんが勃たなかったのだ。あのしみけんが、である。初対面でのジャブは若手に礼節を教えるというより、いまのうちにツブしておこう、という気持ちのあらわれだろう。弱肉強食の世界の冷徹なプロ意識を見たおもいであった。

直取引になってプロデューサーみずからがトラブル対処までしなければならなくなったのは

まえに書いたが、ぼくの場合ハード系撮影が多く、他のプロデューサーよりもトラブル数が圧倒的に多かった。そしてそれらのほとんど、いやすべてといっていい、事務所がらみであった。彼ら、個人差はあれど基本は〝女衒《ぜげん》〟体質であり、メンツで商売しているので、そこをツブされたら、話し合いなどという大人の解決法ではなく、徹底的に暴れて相手から謝罪を、ときにはいくばくかの金を引き出すのをモットーとする。

それは中出し撮影であった。マネージャーは左右離れた目、獅子鼻、小泉元総理みたいな髪型、かん高い声でネチネチ話し、感情がすぐ顔に出るタイプ。

監督はうちではじめて撮る人。地味な服装、洗いざらしの髪、銀縁メガネ、大学の研究室で微生物の観察でもしてそうなタイプ。いわれなきゃAV監督とはとうてい見えない。打ち合わせしていても必要なこと以外話さず、冗談はいわず、こちらの冗談には愛想笑いもせず、いっしょにいて居心地の悪さを感じさせる人であった。

監面でもその態度はかわらなかった。対する女優は18歳、そんな監督をまえにあきらかに不安そうな様子。取り付く島もないといった監督の態度にマネージャーも悪印象をいだいたらしく、不機嫌な顔を隠そうともせず、これみよがしにため息をついたりしていた。「がんばろうね」「撮影は楽しいから」「みんな最初は緊張するもんだよ」ぼくは場をなごませるのに必死であった。

中出し撮影は男優も女優も性病検査が必須である。当然彼女はそんな検査これまでしたことはなく、後日監督が連れていくことになった。

検査日の夜。マネージャーから電話がはいった。

「おいおいおいおいおい、どうなってんだ、おまえんとこは」いつもよりオクターブ高い声。

「はい？」

「はいじゃねえよ。カメラまわしてんじゃねえか、あのヤロー」

「カメラ？」

「だからカメラまわしてんだって。なんで勝手にまわすんだよ。そんなん聞いてねえからな」

「そうでしたか……すいません」

「まわすなとはいわねえよ。だけどまわすんならいえよ。台本書いて出せよ。そういう話じゃねえか。ルールだろ、ルール」

「すいません」

「監督、連れてこいよ」

「え？」

「えじゃねえよ。いまからこっちこいって」

「とりあえず監督に連絡して――」

「すぐこいよ。うちのケツ持ち、どこか知ってんのか。○○組だから。○○ってえのはな、△△組直系の……おいっ、聞いてんのか」

すぐに監督に電話をかけた。連れていったクリニック、その病室にはいるまえに心境をすこしインタビューしたという。

「カメラまわすなら、そういってくださいよ」

「いいました。打ち合わせのとき」

「いや、そうだとしても……再確認というか、まわすまえに電話1本かけてくれれば、なんの問題もなかったのに」

「インタビューがそんなに問題なんですか」

「いや、だから」

「この業界、台本に〝トイレ〟と書かなきゃトイレにもいけないんですか」

「いや、その、監督ね、いままでいた世界はどうか知らないけど、こっちの業界は女優さま、事務所さまでね。撮影現場では監督よりもメーカープロデューサーよりも立場が上なわけで」

「知りません。上とか下とか。知りたくもないですし」

「いやまあ、とにかく、ぼくも悪かった、最初にいっておけばよかったんだけど……でね、事務所が謝罪にこいっていうんだよ。監督もいっしょに」

「むりですね」

「うーん、こまったなあ……ね、今回は泣いてよ。たのむから。ね、いるだけでいいから」

「……」

「たのみますよ。泣いてくださいよ。なんとかおねがいしますよ。埋め合わせしますから」もう泣き落としだ。

かなり長い沈黙のあと、ようやく電話のむこうから「わかりました」とひと言。

ふだんの勤務は私服だが、こういうときのため会社にスーツをおいている。それに着替え、時間もおそいからコンビニで間に合わせの洋菓子詰め合わせセットを買って渋谷にむかった。

監督と落ちあい、ふたりして事務所へとむかう。坂をあがり、当該マンションの玄関で番号をおす。返事はなく、ドアがゴーッと開いた。ぼくの後ろに監督がついてくる。さっきからひと言もない。

部屋にはいるとマネージャーはさっきの電話の調子ではなく、やけに陽気な態度にかわっていた。時間がたって怒りが去ったんだろう。カメラの件をあやまると「いいからいいから。なにごとも勉強です。恩地さんもこうやって一人前のプロデューサーになっていくんです」

その話はすぐに終わり、あとはうちはテレビタレントもいるからと、それらの宣材を出してきて「彼女はお笑い芸人さんと付き合ってて――」「彼女は有名な元レースクイーンで――」

などくどくどとしゃべっていた。ちらととなりの監督を盗み見るが、その顔からはなんの感情も読み取れなかった。

40分くらいいただろうか、マネージャーが「どうです、このあと、飲みにでも」とさそってきた。

「いやあ、ごいっしょしたいんですが、あしたもはやいんで」とことわると「それは残念だね～」と言いながらマネージャーは奥の部屋にいき、すぐに一升瓶をたずさえてもどってきた。高級そうな和紙で梱包されている。「これ持ってってよ。はだかでもうしわけないけど」

事務所を出るとすでに夜の11時をまわっていた。坂をくだりながら「いやもうほんとに。こんな時間にひっぱり出してもうしわけない。こういう業界でさ。ほんとめんどくさいんですよ。とくに事務所の人間には気をつけないと。まあ、とにかくきょうはこれですんでよかった。こないだなんて呼び出されてから、そのあと今度はヤクザみたいな人が出てきて――」

安堵からかぼくはひとりべらべらしゃべり、監督はというとこれまたなんの表情もなく、ぼくのうしろからついてきた。

「監督、ぼく日本酒飲まないんですよ。よかったら、これ」

ふりかえり手に持っていた瓶を監督にわたそうとした。

監督は受け取ろうとせず、ただぼくを見ていた。その目に冷たい炎が見てとれた。するといきなり瓶をつかみとるや、それをぼくの背のむこうのコンクリートの壁に叩きつけ、そのまま大股で坂をおりていってしまった。

もちろんぼくだって中出しやアナルなどのハード系ばかりではなくふつうのセックスの現場だってある。ふつうのセックスものの現場でトラブルがおこることはめったになく、その日はリラックスした気分で現場にむかった。

朝9時半すぎに撮影スタジオにはいるものの、まだ女優らは来てない。遅刻か。制作会社の人にたずねるも、マネージャーと連絡がつかないそう。ぼくが事務所社長に電話すると「担当者に確認します。折り返しかけます」とのこと。が、折り返しもない。10時半。もういちど社長に電話しようと思っていたところ、ようやく女優とマネージャーが到着。チューリップのような帽子を深々とかぶり、マスクに顔の半分ちかくもあるサングラスをかけてスッピンを隠した女優が足早にメイクルームへ。謝罪のことばもない。マネージャーだけがぼくと制作会社の担当者のまえにやってきて頭をさげた。

「すいません。おそくなりまして」

「いいよいいよ。寝坊くらい。とりあえずいそいでメイクしよう」ぼくはいう。

「それがですね。ちょっとこまったことに……」

聞くと彼女のおばあちゃんが危篤とのこと。実家に帰りたい、いますぐ帰してほしいとさっきから泣いてばかりいてどうしようもないらしい。

様子見にメイクルームにいくと、彼女はソファにうつぶせになり、肩をふるわせて泣いていた。ぼくはからだをかがめ、彼女の肩に手をおいて「おばあちゃんが――」といったとたん「おばちゃーん、おばあちゃーん、おばあちゃーーーーん」と手足をばたばたさせて絶叫。まるで火にふれた赤ん坊のよう。しばらく叫び、こんどは「おばあちゃん、会いたいよ、おばあちゃん」とさめざめと泣きはじめた。ぼくもちょっと前におなじような状況があったので（ぼくはすぐに帰省したが）、そのことを思い出しもらい泣きしてしまった。

居間にもどり、制作会社の人にいう。

「彼女、帰してあげたいんですけど。だめですかねえ」

「うーん、こまったなあ」

「でも、これじゃあ撮影になんないでしょう」

「そうなんですけどね……」

するとそばで聞いていたスチールカメラマンが、

「バラすんならバラしてもいいすけど……ちゃんとギャラ出るんですよね」と牽制するようにいう。バラすとは現場をキャンセルすること。

「当日バラシは全額支給なんですよ」制作会社がいう。「スタジオ、スタッフ、男優もろもろあわせて60から70万くらいになるんじゃないかな」

「それ、うちが払うんですか」

「いえ、事務所です。というか女優負担ですが」

「そんな……でも、今回はちゃんとした理由が――」

「そんなんわかんないよ」さっきのカメラマンが割りこんできて「どうせやりたくないからゴネてるだけっしょ」

「女優負担がこの業界のルールなんですよ」制作会社が引きとっていった。

たとえば女優がインフルエンザにかかっても、もしくは現場にむかうとちゅう交通事故にあっても、いかなる正当な理由であろうとも当日バラシは全額支給がこの業界の掟らしい。もともとはそんなルールはなかったが、AV草創期、あまりに当日バックれる女優が多く、抑止力としてこのルールができたらしい。作った当初はもっと柔軟に運用されていたんだろうが(正当な理由があれば適用しない)、やがてルールだけがひとり歩きし厳格化されていったのではないか。

で、バラシになった場合、実費を制作会社が立て替え、後日それを事務所に請求、その金額を女優が払う。払えなければ稼がせる。AV出演だけで追いつかないなら風俗をやらせる。だから撮影が決まると、女優に逃げられないよう、事務所によっては撮影当日まで監禁するところもある。

結果撮ることにした。もちろん泣いてばかりでまともなプレーなどできない。彼女の心中をおもうといたたまれなくなり、途中で帰った。

いまどきこんな奴隷契約、いつか問題になるんじゃ、バラシのルールを聞かされたとき最初にそう思ったが、一時期世間をにぎわせた例の強制出演問題も、根っこはここにあるんじゃないかと個人的にはおもっている。


K連合はひと言でいうとザ・体育会系。彼らは、うちの会社に2002年ころから頻繁に出入りするようになり、すぐに上層部に食い込んでいった。とくに楠本とは仲がよく、社内の楠本の個室でもよく彼らの姿を見た。制作部員でもはいった人間は少ないというのに。

ある金曜の夜、東京は中野でK連合主催の飲み会があった。1次会、2次会をへ、深夜12時ころには30人以上の大所帯となり、そのなかには有名監督や女優、大手メーカーの幹部クラスもいた。

朝の5時、ようやくお開きとなり、参加者たちが駅にむかってぞろぞろ歩いていると、参加者の1人と通行人とのケンカがはじまった。きっかけは制作会社の若いにーちゃんの肩が相手の通行人2人組（大学生くらい）のどちらかの肩に当たり、最初は若いにーちゃんとこの2人の言い争いだったのが、いつのまにか2人vsK連合の構図となった。K連合側は3人。3人のほうが有利ではないかとも思うが、相手の2人はともに180センチくらいで横にも大きく、かたやK連合は3人とも小柄であった。もし取っ組み合いになったら、イーブンかむしろ体格に勝る2人組のほうが強いのではないだろうか。

が、口でのそれがすぐと取っ組み合いに変わるや、ぼくはK連合の連携のうまさに見とれてしまった。ふつうに考えれば1対1と1対2のカップリングになるが、そうではなく、つねに1対3の局面を作り出すのだ。1人をある程度ボコったら、もう1人へ。こいつをある程度ボコったら、またさっきの男へと。それはまるでプロレスの変則タッグマッチ、小さなメキシカンレスラー3人が巨躯のアメリカンレスラー2人をきりきり舞いさせるような図。一朝一夕でこんな連携など体得できない。〝ケンカ慣れ〟ということばがぴったり。そうこうしているうちにサイレンの音が聞こえてきて、すぐにクモの子を散らすよう30人がバラバラになる。ぼくはどうしたらいいのかわからず、檻のなかのコマネズミみたく、中野の商店街を右に左に意味なく走っていた。もうそろそろいいだろうかと駅前にでてみると正面のコンコースに高さ1メートルほどの植えこみがあり、その中央部分、先端に時計のついた鉄の棒が1本あるのだが、それにもたれかかるように立っているやせた男がいて、にやにや笑いながらぼくのほうを見ていた。3人のケンカの司令塔、AV監督の松嶋（クロス）くんである。

ところで、これでお開きではない。なぜかこのあとも飲み会はつづき、河岸を変えての3次会がおこなわれた。ぼくものこのこついていった。場所は西麻布。外苑西通りと六本木通りの交差点を奥にはいった青い細長いビルのどこかの階。このビルは後年、海老蔵の事件で有名になる。女優4、5人にぜんぶで15人くらいいただろうか。なぜそんな話になったのかわからないが、女優の1人がカニを食べたいと言い出した。時刻は朝の7時。さすがにこの時間カニを食べさせてくれる店などない。するとIT企業の若社長みたいな人が部下の男の耳元でなにかささやき、するとその男は席をはずし、5分ほどしてもどってくると、携帯電話をその若社長にわたした。しばらくうんうんうなずきながら聞いていた若社長は「じゃあ2人でいくから。用意しといて」といって電話をきった。

わざわざこんな時間に店を開けさせたんだ、またずいぶんと景気のいい話だなあ、そうおもいながら見ていたが、そうではなく、「すいません、じぶんら（若社長と女優）、これから羽田までいくんで。失礼します」といって若社長と有名単体女優ふたりは出ていった。これから飛行機で札幌までいって、カニを食べるそうである。

この章の最後に彼のことも書いておきたい。

その男は大川という名の男優だ。男優はカラミ男優、カラミ予備軍のフェラ男優、ぶっかけ隊の汁男優、おおむねこの3層で構成されている。が、それ以外に特殊男優というものも存在する。女優にビンタされたり金玉けられたりのM男優、ゲロやうんこを食べるスカ男優、レイプや言葉責めが得意な凌辱《りょうじょく》男優。Mとスカはかぶっていて、だいたい両方OKであるが、どっちメインというのがあり、大川はスカ寄りのM男優であった。スカというのはスカトロの略でうんこのことである。ところでAVには本物と偽物、2種類のスカがある。やはり本物こそが正統で偽物は肩身がせまいのかというとそうでもなく、偽物は偽物なりに一種のエンタメとしてみとめられていた。総合格闘技とプロレスみたいな感じか。ちなみに偽のそれは八丁味噌とミックス味噌をブレンド、それをベースに、そこにくだいたバタピーと高菜をいれる。この2つはマスト。あとは好みで唐辛子やとうもろこしなどをいれ、最後仕上げにローションをいれ光沢をつけてできあがり。これを極太注射器につめ肛門から注入する。硬さ調節は浣腸液でおこない、下痢便がほしいときは大量に浣腸液をいれる。

さて、ここでは本物の話をする。後年、ぼくが監督をするようになってからだが、大川をよく現場に呼んでいた。M男優やスカ男優はチンコが勃たなかったり発射ができなかったりと肝心のエロプレーが弱いやつが多かったが、その点大川はちゃんと勃起し時間内に発射もできた。

そんな大川だが、あるとき現場入りした彼の顔を見ておどろいた。どす黒いのだ。まるで肝臓の悪い人の顔色なのである。ふだんは北国出身者らしく白い陶器のようなそれなので、その変わりざまはよけい目をひいた。あいさつにも元気がなく、からだ全体生気にとぼしい。

「オーちゃん、どうしたの、その顔」ぼくはきいた。

「ええ、たぶん吐きミスで」

「吐きミス？」

うんこ、あれは大腸菌まみれなのでできれば食べないほうがいい。食べるときは直前にサラダ油を大量に飲み、胃や食道にじゅうぶんに膜を作ってからでないと飲みくだしてはいけない。そして食べたあとはなるだけはやくうんこを吐くこと。菌を増殖させないよう体内にある時間は短ければ短いほどいい。慣れている監督は食べたあとすぐにカットをかけ男優を吐きにいかせるが、このときはそうでない監督で食べてからも延々カメラをまわしていたらしい。大川は男優、それも無名の男優という立場上、カメラを止めてくれなど、こちらからたのむことはできず、だから吐くタイミングがおそくなってしまい、その日の夜からずーっと倦怠感につつまれているという。

「それは災難だったね。で、医者いったの」

「いや、そうなんですけど」

きいたあとすぐに気づいた。たしかにいきづらい。うんこ食べましたとはいえないし、かといっていわなきゃ正しく診察できない。

それきり話は終わったが、心配のため合間あいまに控え室にいくも、彼はソファに丸くなり微動だにしない。傷を負った動物が寝て治しているよう。さすがにそんな姿を見ていたらプレーさせるのは気が引け、だから彼にはギャラ半分だけわたして帰ってもらうことにした。

「監督がそうおっしゃるんでしたら帰りますけど、これは受けとれません」とギャラを返そうとする。

「いいからもらってよ。つぎいいパフォーマンスしてくれればいいから」

説得し、むりやり帰した。

つぎに会ったとき、うんこに殺されかけたのがうそのように大川は元気であった。

第三章　人気シリーズの作られ方

業界はバブルに突入、金が湯水のように使われていた。いま思えば狂ってるとしかいいようがない。1000万の予算をかけ、体育館ほどもある大型スタジオに火《ひ》の見櫓《みやぐら》を建てて、300人ぶっかけをやったり、同じく1000万で、瀬戸内海にある無人島を借りきっての全裸サバイバル、800万かけて100人中出しと（性病検査代＋男優費だけで250万！）、動く金はAV制作の枠を超えていた。

ぼくも負けじと1000万使わせてくれとかけあったらポンと予算が出た。

さて、1000万どう使おう。なんとなく〝女闘美《めとみ》〟を撮りたい、そんな構想をもっており（女闘美とは女同士の戦い。キャットファイトのこと）、当時、京極夏彦の『どすこい』という小説があったのだが（読んではいない）、それにインスパイアされたのか、最終的に相撲、女相撲ものにいきついた。語感もいいなとタイトルもそのまま拝借した（インスパイアされたのには理由がある。ぼくの根底にはそういった性癖があるようで、後年、ぼくの監督作と見事にリンクしている）。

やるからには本格的な相撲シーンが撮りたく、それには土俵がいる。土俵のあるスタジオなどあるはずもなく、だったら作ってしまえと、山梨は河口湖近辺の体育館、そこに土俵を作った。荷台に土を積んだトラックが3台、東京から河口湖までむかい、舞台美術専門業者の指示のもと工事がおこなわれる。1メートル弱の高さの台形の土台に、円形に俵を埋めこみ、四方には徳俵《とくだわら》もしつらえた完全レプリカ。本物より多少ミニチュアサイズ。ふんどしにもこだわった。赤、ピンク、緑などパケ映えするカラーのものを業者にオーダー。締め方がわからないので、正式の締め方を知っている人を探し、その人に現場まで来てもらい教えてもらう。女優はうちの専属単体をメインに脇を有名な企画単体5、6名でかためた。撮影は4日、きっちり1000万使いきった。内容は女相撲部を舞台にしたスポ根ドラマで、完成版は土俵シーンが意外と少なく、いま思えばもっと相撲をフィーチャーすればよかったかなと。

そこそこ売れたが、1000万もかけたので赤字だったとおもう。ほかの大作も同じようによくてトントンだったろうか。楠本的にはこの時期、利益よりもM社の名前を売ることが先決と考えていたようで、大作には全AV誌、そこの編集部員、はては編集長までも呼び、カラーページで大々的に紹介してくれることを念押し、また一般層にも訴求させるにはフラッシュやフライデーなどの写真週刊誌がいいとそれらも呼び、しまいにはテレビ（当時はトゥナイト2など深夜のエロ番組があった）にまさるものはないと、どういうツテなのかわからないが、これらの司会者（故・勝谷誠彦氏や辻よしなりアナウンサー）もよく現場に呼んでいた。

そのかいあってかM社はコアなAVユーザー以外にも認知され、彼らが購入してくれるようになり、売上もリリース本数も倍々で増えていった。やがてその中から人気シリーズが出てくるようになる。『ドリームウーマン』『ドリーム学園』『最高のオナニーのために』『デジタルモザイク』など。プロデューサー1人につき1つは自身の手がけたシリーズを持っていた。しかしぼくはまだ持てていなかった。必殺技のないプロレスラーみたいなもので、それがないと一人前じゃない気分なのだ。いや、正確にいうと1つは持っていた。バスツアーもので、女優10数人と素人がバスに乗っていっしょに旅行するやつ。

入社して1年ほどたったころか。ある日、楠本から「恩地さん、Aんとこの女優、同時にたくさん使える企画、なんか考えてくれへん」といわれた。Aとは当時企画女優をたくさん抱えていたプロダクションである。

といってもひとりでアイデアを出すには限界があり、そのとき先輩のTが退社するとき「使ってやってほしい」と紹介されたW制作という制作会社を思い出した。社長のWからことあるごとに「なにか仕事ください」と電話がかかってきてたのだ。

W社長とそこの社員、そしてぼくの3人で打ち合わせをするも、いいアイデアが浮かばず袋小路にはいってしまった。そんなとき雑談で、W制作に最近入社した男性の話になった。

「40になって『映像の仕事がしたいです』ってはいってきたんです。とりあえず試用期間ということで、いまうちにいるんです」W社長がいう。

「すごいですね、その年齢で。ってことは映像とはぜんぜん関係ない業界からきたんですね」

「バスがどうかしたんですか？」

「路線バスかな……観光バスだっけ。すいません、忘れました。

「バスってどんなバスですか？」ぼくはきく。

バス？　そのときなぜかピンときた。

「そう。運転手。バスの」

あとはトントン拍子であった。

いっしょに旅行する男優は完全素人にした。彼らを集めるためホームページで募集してみる

と予想外に多くの応募があり、オーディションで決めることに。せっかくだからとオーディ

ション会場にもカメラをいれることにした。そこで選ばれた素人と女優たちをバスに乗せて

（もちろん運転手はＷ制作の新人）、温泉宿への一泊旅行。ホテル大広間での大乱交をクライ

マックスに、そこにいたるまで途中途中にさまざまなエロゲームを設定する。エロとテレビバ

ラエティの合体である。

一泊なのであまり遠くにはいけず、ちょうどいい距離ということで山梨の旅館が宿泊地とし

て選ばれた。エロＯＫってことでＷ社長が見つけてきたのだ。ロケハンにいくと、そこそこ広

めの岩風呂となぜか体育館も併設されており、せっかくあるんだから活用しない手はないと、

風呂場での乱交、体育館での二人三脚やドッヂボールなども台本にいれた。

全体的にかなりユルい内容であったが、エロさとユルさは相性がいいのかこれが売れた。汁

男優を呼ぶとギャラが発生するが素人だとノーギャラでいけるというセコい考えで素人にしたのだが、結果それがよかったようだ。彼らには汁男にはないガッツキがあり、ゲームでは本気で勝とうとし、プレーではがんがん女優を攻めたてた。彼らの熱量に女優もテンションが上がったんだろう、呼応するように易々とエロモードになった。女優と素人男の本気モードがユーザーにも伝わったのだろう。ともあれ売れたので第2弾も作ることになり、予算も倍ちかく増えたことで、つぎの宿泊地は静岡の海沿いのプールつきホテルにグレードアップした。プールは使えるし、プライベートビーチもあるから浜辺でのエロゲームもでき、内容盛りだくさんでこれも売れた。当然第3弾も。

これは立派なシリーズであったが（2016年、警察とゴタゴタがあってやむなく終了となるまでこのシリーズは続いた）、撮影が大規模すぎて年2回しかやれない。できれば月イチでリリースできるシリーズを作りたいと仲のいい監督と膝を突き合わせて研究・開発、『3時間6本番』『野外露出セックス』などそのときの流行りものをアレンジしてリリースしてはみたもののどれもたいして売れずシリーズ化とはならなかった。どうやらじぶんは流行りものに乗っかるということが不向きのようだ（ここで失敗しているのに、後年またも流行りものに挑戦して痛い目を見る）。

仲のいい監督と組むのがよくないのかもしれない。どうしても甘えやなあなあの部分が出るし、相手に対しても非情になれない。優秀な漫才師のコンビがプライベートでは付き合いがないみたいに、相手に私情がないほうが仕事で組むにはいいんだろう。また「これをシリーズ化したい」と気負って立ちあげるのではなく、気がついたらシリーズになっていた、というのが本来のシリーズの在り方だと思う。

そしてついにぼくにもシリーズができた。監督は張川である。

5穴を撮り、それがそこそこ売れたというのは前章で書いた。マ〇コ、アナル、口に、両手の5つ。まえの撮影で手応えをつかんだのだろう、張川は第2弾をやりたがった。売れたものを撮った監督にご祝儀として次作オファーは当然である。が、いかんせんこれにかんしては女優選びがたいへんであった。5穴といっても口、両手はおまけで実質的にはマ〇コ、アナルの2穴がキモである。張川は2穴、それも〝同時〟に入れている状態にこだわった。片方ずつではだめなのだ。女優のレベルを問わなければいたんだろうが、楠本がうちは女優メインでいくという方向性を打ち出した以上、ある程度のルックスは必要である。ところがこちらの希望を事務所にストレートにいうのははばかられた。なぜか？　2005年ころには姿を消したが、当時はまだ「3大NG」という慣習が残っていて、マネージャーと話していても「彼女〝3大〟です」「うちは事務所自体〝3大〟ですから」そんなフレーズがよく聞かれた。3大NGとはSM・レイプ・アナルはできませんという意味である（SM・アナルは絶対だがレイプがレズだったりスカトロだったりと諸説ある）。それほどまでにこれらのプレーは忌避されており「アナルできる女優さん、いますか」など口が裂けてもいえなかった。そんなわけで張川の第2弾はぐずぐず先延ばしになっていたのだ。

あるとき、デビュー作で中出しを撮ったなんちゃってプロダクションの女優Nの最終作に張川はどうだろうとおもいたった。社長のFは事務所の共通ルールである3大NGなんて知らないだろうし、またデビューで中出しをやった以上、ハード作には免疫があるはずだ。そんなわけで打診したらあっさりOKが出た。

張川に話すと「せっかくだからマ○コもアナルもゴムなしでやって中出ししちゃいましょう」「2穴だけだと弱い（!）んで、ついでにぶっかけもやりましょう」など、よほど撮りたい欲求がたまっていたのか、あれもこれもと提案してくる。口説くのはぼくなのにいい気なもんだ。

が、けっきょくどれもチャレンジしますということとなり、女優Nのがんばりもあって撮影は成功、Nの出演作のなかではもっとも売れた。

そんなとき楠本が契約してきた400万12本契約の女優A・Nの張川の作品への出演の話が持ちあがった。楠本がいい出したのだ。当時A・Nはじゅうぶん売れていたし、正統派路線でいくものとばかり思っていたのでみながおどろいた。

「その、ぶっかけ中出し……えーなんや」楠本がいう。

「『ぶっかけ中出しアナルＦＵＣＫ』です」

女優Ｎのとき張川が台本に書いてきた仮タイトルだったが、このひねりのなさが逆にぴったりだと思い、そのまま正式タイトルとしたのだ。

「その『ぶっかけ中出しアナルＦＵＣＫ』はなにがしんどいんや。肉体的にきついとか」

「いや、そうでもないとおもいます。まあぼく男なんでわかんないですけど」

「中出しとかどうすんの？」

「生理に合わせて服用する低用量ピルと、あとは撮影後にのむ後ピルってのがあって、どちらも妊娠の心配はないんですが、低用量は毎日のまないといけないし撮影まで2、3週間要しますし、後ピルはすぐに撮影可能ですが、劇薬っていわれてます。どちらでいくかは女優さんや事務所の意向次第です」

「じゃあその、ぶっかけ中出し――ああっ、このタイトルいちいちめんどくさいな」

3大ということばがネガティブな意味で使われていたように、当時はまだこういう企画はヨゴレとされていた。当然それに出演する女優もヨゴレということになる。正統派の単体女優はあくまでキレイキレイに、言い方わるいがユル～いセックスでお茶をにごすことが当時はまだ当たり前であった。6本契約の女優の全6本、タイトルちがうだけで中身ほぼほぼ同じという世界。従来の業界的考えならA・Nの12本も同じような中身でいくこともありなんだろうが、商売人であり改革者でもある楠本は、それはあまりにも客をなめた行為だと考え、この企画にA・Nを出すことを思いついたんだろう。ヌルい慣習は片っぱしからたたき壊すのが楠本流だ。

これが爆発的に売れた。

これで潮目が変わった。A・Nが出たことでヨゴレという認識が女優間になくなり、超A級単体のA・Nでさえ出たのに、あたしらが出るのしぶってるわけにはいかないという意識改革ともなった。また爆発的に売れたということはユーザーもハード作への出演を好意的に受け止めたというわけだ。たとえるなら王道プロレスラーが電流爆破デスマッチに出てみたら、意外にも客から熱狂的に支持され、より人気者となった。するとほかの王道レスラーもだったらおれも出たいとなる。というわけでA・Nの出演を境にむこうから出演オファーがくるようになった。

もうひとつハードなイメージの割に撮影が楽というのも女優らに受け入れられた理由だ。正味3時間程度で撮影はおわる。朝集合のパケ写真撮って夕方3時4時には完全終了。これでギャラ1本分。当時単体は2日撮影が基本だったから、拘束時間の短さはかなり魅力だ。

そんなわけでめでたくシリーズ化となった。業界ではこのシリーズ、〝BNA〟と呼ばれていた。A・Nのとき、楠本が、いちいち言うのめんどうだということで頭文字をとってそう呼びはじめたのがきっかけで、以後定着したのだ。

このシリーズもぼくが退社したあとも続き、2017年ごろまであったはず。プロデューサーとしてなんとなく鼻が高い。まあほとんど張川の手柄ではあるけれど。

少し遅れてもう1つのシリーズができた。ジャンルは凌辱。凌辱とはレイプのようなもので、ただしレイプは男の欲望のまま、それに対し凌辱は欲望のまま攻めつつも、最終的にそれで女性が快楽をおぼえる、というちがいがある。BNA同様、これもまったくぼくの性癖にはない。

シリーズ名は『使い捨てM奴隷』。これはぼくが考えた。最初〝M〟がはいっていない、使い捨て奴隷だったが、パケデザイン入稿直前にひらめいて、デザイナーにむりをいって急遽Mをいれてもらった。なくても売上には関係なかったとは思うが、語感もデザインもMがあったほうがしっくりくる。

このシリーズの監督はサバトという男である。

まだシリーズ化になるかならないかの最初期の撮影のときのこと。彼はじぶんでも作品に出る監督なのだが、あるとき女優にフェラをしてもらっていると、どうにも勃ちがわるいようで、すると「おめえじゃ、勃たねえよ」と吐き捨て、そのままどこかに消えたと思ったら、エロ本をもってもどってきて、それを見ながら、女優にフェラさせていた。屈辱からか女優はフェラしながら泣いていて、カットがかかったとき、彼女をなぐさめようとしたら、「恩地さん、余計なことすんなって」とサバトに怒られた。

せっかく凌辱モードになってるのにそのテンションを壊すなということだろう。撮影にたいして真摯な男だなと思った。

撮影は終始そんなノリですすめられ、そして終了。が、帰り支度にまごついている女優を見て「まだいんのかよ。さっさと帰れよ」とサバト。カメラはまわっていない。よほど役にはいりこんでいるのか。が、彼女が帰ったあとも「おっぱいじゃなくて頭からションベンかけてやりゃあよかったよ」「くっせえマ○コしやがって。だれがナメんだって」とAD相手に嬉々と話しているのを見て、こいつ、マジだよと、震撼したおぼえがある。

こういう男だからこそユーザーの信頼をえることができ、シリーズ化を勝ちとったのだろう。演技じゃここまでの迫真性は出ない。サバトはガチで危険な男だという評判が社内に立つのに、さほど時間はかからなかった。

シリーズは、その監督のものだ。そしてほんの少しプロデューサーのものでもある。うちの会社はキャスティング担当者がおらず、各プロデューサーが女優と契約し、その本数をまっとうする、とまえに書いた。もしほかのプロデューサーがじぶんの手持ち女優でBNAか使い捨てをやりたいならば、その作品だけ担当をぼくにふるか、もしくは張川やサバトと彼らが組むということになる。そういったシリーズの貸し借りをいやがるプロデューサーもいたが、ぼくはまったく気にならなかった。それをいやがった場合はべつの企画をやるしかないが、あとあと2人の関係が気まずくなるのは避けられない。むかしはいやがるようなプロデューサーはいなかったが、人が増えるとそういうプロデューサーも出てきた。このようにシリーズは必ず当該監督が撮ることとなる。明文化されてはいなかったが、仁義にのっとった不文律であった。

が、これが反故にされる事件がおこった。

相馬がぼくのところにきていう。

「使い捨てをJ監督で撮りたいんだけど」

「なんで？　サバトじゃだめなの」ぼくはきく。

「女優が凌辱やるんだったらJさんでないといやだっていうんだよ」

「そうなんだ……Jさんで凌辱はいいんだけど、だったら使い捨てってタイトルやめてなにかほかの――」

「わかるよ。筋通すんならそうなんだけど。でも売れてるシリーズじゃん。おれらサラリーマンじゃん。会社にとってなにが利益かってことも考えないとまずいと思うんだ」

納得できなかったが、会社員としての立場も考えろといわれれば拒絶もできず、サバトの連絡先を教え、相馬のほうから一本電話いれて事情だけでも話しといて、という落としどころにした。

そして発売。するとすぐにサバトから電話がかかってきた。出ると、

「恩地、テメエなんだよ。いますぐ事務所に来いっ！」

いうなり電話はきれた。かけなおそうとも思ったが、怖いのですぐにでかけた。会社から所沢まで1時間半もかけて。

サバトの事務所に着き、顔をあわすなり、なにかが飛んできてぼくの胸に当たり、床に落ちた。目をやるとJ監督の『使い捨て～』のDVDである。

「テメエ、どーゆーことなんだよ。説明しろ」

すぐに了解した。相馬は電話しなかったんだ。

ぼくは土下座した。ひたすらあやまり、経緯を説明した。

「恩地、テメエが甘ちゃんだからナメられんだって」サバトはイスにふんぞり返り、ぼくは額を床にすりこむよう土下座を深くする。

つづけて「相馬の電話番号おしえろ。おれが電話すっから」とサバト。

「いや、まずいって。とにかくそれは。ぼくから言っとくから」

「ぼくから言う？　アアッ！　テメエなんかになにが言えんだっ！」

このあともサバトの罵倒《ばとう》はつづいた。

翌日、相馬をつかまえ、

「使い捨てだけど、サバトに電話した？」

「電話？　なんの話」

「使い捨ての件。電話して話通しといてって」

相馬は目を剥き、顔のまえで手をふり「知らない知らない。なにそれ？　ってか恩地さん、あんときOKしたじゃん。こっちそれでいいって思うじゃん」と口をとがらせる。

きのうのサバトとのことを話すと、

「ちょーっ待ってよ。なんでおれがサバトからうらまれるんだって。いい迷惑じゃねえか。なあ恩地さん、あんたさあ、監督のハンドリングくらいちゃんとやれって話だよ」露骨に不機嫌な物言い。このあともグチグチ、ぼくの不手際をつめられた。

相馬がうそをついているのはまちがいない。さかのぼってJ監督でなければいやだという女優のそれもきっと作り話だろう。こういうときどうすべきなのか。やっぱ怒るべきなんだろうか。

それから少しして、いつもフレンドリーな相馬が急によそよそしくなり、それが1、2カ月

もつづいた。あるときサバトに相馬がよそよそしくなったことを話すと、

「ああ、シバいたからでしょ」とこともなげにいう。

「シバく？　なにそれ？」

「M社に打ち合わせいったとき、ちょうどあいつ（相馬のこと）トイレから出てきたんで、エレベーターホールの横んとこあるでしょ、あそこに連れこんでドヤしつけてやったんですよ。したらあいつ泣いて土下座しやんの。ヘタレじゃないすか。恩地さん、なんであんなんにビビってんの」

　このシリーズ、3年ほどもつづいたろうか。さすがに土下座はあの1回だけだったが、現場や打ち合わせでは「会社の犬」「テメエ、死ねよ」「楠本のケツでもなめてろ」などことあるごとに罵倒、叱責され、タイトルのM奴隷とはおれのことだったのか、状態であった。こんな関係性でありながら3年も付き合ってこれたのは、ひとえにぼくにプライドなるものが一切ないからだろう。

第四章　メーカーがどんどん増えていく

２００４年、会社が新宿から恵比寿に引っ越した。体育館でもせまくなったのだ。制作だけでも30人以上。広報もいれると50人ほどはいただろう。ここに営業、総務、事務をいれると１００人は下らないはず。こんどもまえのオフィス同様高層ビルだが、まえよりもはるか上階、天気のいい日には正面に富士山がみえた。

めずらしく社長が会議を招集した。ぼくの記憶でははじめてだ。コの字型の会議机のセンターに社長がすわり、その両側にプロデューサー陣が均等にすわった。社長は手にもっていた資料らしき紙をテーブルに置き、前置きもなく話しはじめた。

「ここ2、3カ月みとっても売れとらんのが全体のなん割かあるが、なんでや」

世の中はこんなにもAVバブル、本来は全作品売れてなきゃおかしい、こう言いたいのだ。事業は当然のこと、家庭も女も学業も、社長の人生は成功体験にいろどられている。だからいまの状況が歯がゆくてしかたないのだ。

「社長」加藤がいう。「8：2の法則がありまして。ダメな2を取り除いて、良質の2をいれても、やはり8：2――」

まるで聞いていない顔。不満なのだ。

社長はもってきた紙に目をやり、

「この○○‐029と△△‐013とそれから××――もってきてくれんか」といった。社歴の浅いプロデューサーが飛び出していった。

いま5枚のDVDが社長のまえに置かれている。それを手にとり、パケの表や裏を見ながらさかんに首をふる社長。その顔には「おまえらアホか」と書かれている。

「なんでこんなもん撮るんや」

社長はそれを目の前でかかげ持ち、みなが見えるようパケを左右にゆっくり移動させた。

それはバーターの女優である。うちの○○と契約したいんなら彼女も撮ってよと事務所がねじ込んできた女優だ。この業界ではよくある取引法だ。だが一代でのしあがった豪腕経営者である社長にとっては日本の、情に訴える的なビジネスは無用なのだ。

「これ、なんなんや。こんなもんおもろいんか」

つぎに手にとってみなに見せるのは『エロエロ東海道』というタイトル。弥次喜多のコスプレの男優を両端に、中央に3人の全裸女優。

「これも！」

タイトルは『女体盛り温泉』。パッケージデザインをミスったのか、秘湯百選紹介ビデオみたくエロ要素ゼロだった。

社長は『女体〜』をテーブルにたたきつけるように置いた。

「きみら、もうちょっと考えて仕事せんと。こんなん作っとったら、いつまでたっても業界トップなんてなれへんぞ」

　会議室が沈黙につつまれる。

「うちが肉屋とします」重い空気をやぶるよう加藤がいう。「うちでは牛肉がもっとも売れるんです。ですが、だからといって牛肉だけ置くわけにもいきません。鳥やブタはもちろん、ラムや馬さえも置かないと。売れないからといってこれらの肉を切り捨てるわけにはいきません。よりひろくユーザーを取りこむには、ひと通りそろえておかなくては。あそこにいけばなんでもある、そう信頼される、ぼくたちはそんな立場にあるメーカーだとおもうんです」

　社長はなにか考えている。また沈黙がおとずれた。

「だったら牛だけ売ろうや」突然社長がいう。みなの目が社長へと集まる。

「ホルモンだけ売る店。ブタだけ。鳥だけ。ソーセージだけ。専門店化や。加藤のは百貨店やが、おれのはモールや」

　社長は順ぐりにみなの顔を見る。

「恩地、おまえならどっちいく」

「あーそうですね、うちの近所に伊勢――」

「W！」「モールです」「S！」「モールです」「G！」

そういったわけであらたにメーカーを立ち上げることになった。べつに分社化するわけではない。単体、バラエティ、熟女、素人系などどうちの本体であるM社のなかで以前は一緒くたに売られていたそれらを、M社から切り離し、ジャンルごとにわけて新メーカーからリリースしようというわけだ。

熟女、スーパー単体（通常単体よりワンランク上の単体）、SM・レイプの3つが新メーカー候補となった。これらのチーフプロデューサーを決めなくてはならない。リーダーの加藤をのぞく6人からそれを出すことになった（このころは最初の5人衆に2人加えた7人のプロデューサーがいた）。

ぼくは選ばれなかった。相馬も。楠本と加藤が、6人それぞれの性格、やる気、実績、制作会社や事務所からの評判などをかんがみ、こいつなら、という人間を選出した。

数日後、それら新メーカー担当者のお披露目が大会議室でおこなわれた。社長以下幹部らに営業部数名、制作部は広報ふくめ全員、部屋は立錐《りっすい》の余地もない。外に待機していたのだろう、楠本に呼ばれた3人はドアを開けて中にはいり、みなのまえを歩き、まえの一段高い台に立ち、それぞれ抱負を語った。相馬は憮然《ぶぜん》とした表情で壇上の3人をにらみつけていた。

社長のもくろみどおり新メーカーは当たった。そしてそこには売上面だけでなくべつの効果もあった。ゆくゆくはおれもメーカーを持ちたい、新人ふくめ多くがそう夢を抱くようになり、みなが切磋琢磨《せっさたくま》するようになった。結果全体活気がで、新メーカー特需も相まってもっとメーカーを作ろうという気運にもなっていった。そのためには人員補充せねばならず、そのころ加藤は面接に大忙しだった。

加藤の面接に受かると、とりあえず入社となり3カ月の試用期間がもうけられる。加藤をのぞく6人の下で2週間ずつ仕事をさせ、一巡すると3カ月。で、その期間が終わったら新人をドラフトにかけるという手順。だれかが欲しいと手をあげればそのプロデューサーの部下となった。当然複数の手があがるときもあれば、あがらないときもあった。

そんななかの1人の男の話である。

男の名は卜部《うらべ》といった。クリッとした黒目がちの目、2つの連山のようにこんもりした真ん中わけの髪、毛玉のめだつセーターに知らないブランドのジーンズ。顔は優男風なのに女子ウケはすこぶる悪かった。齢は20代後半くらいだったろうか。素直でおとなしくやさしい男だったが、仕事はできなかった。

ぼくの下についたときのある女優面接でのこと。ふた月ちかくいるのである程度できるだろうとアンケートをとらせることにした。

「ご趣味は」卜部がきく。

「映画見たりとか」

「得意なお料理」

「あんまりないいんですけど、カレーとか」

「学生時代のお部活」

卜部は面接シートに書きこむのにいっしょうけんめいで女優の顔をいっさい見ていない。このあたりの項目はエロ質問への潤滑油で、女優の心がほぐれればよく、一語一句書きとる必要などない。代わろうかと思っていると、

「休日のお過ごし方」

「友達とごはんいったり、あと、あたしアイドルの○○さんのファンで、その追っかけもしてるんで、彼女のＤＶＤ見たり、写真集とか」

「そうなんですか！」卜部は急にスイッチがはいり「○○ちゃんは●●娘出身じゃないですか。じつは最後の卒業コンサートにぼくもいってて、そのときにですね――」

ぼくは強引にさえぎり「卜部くんさ、ポラもう空いてるかなあ。ちょっと見てきて。あったらもってきてよ」

ポラとはポラロイドカメラのこと。面接の最後に着衣、パンツ1枚（ときに全裸）の写真を撮るために必要なアイテムなのだ。写真はプロフィール用紙に添付されてはいたが、からだの向きでタトゥーやアザを隠していることがあり（まだ業界にはフォトショップ修正は導入されていなかった）、それのチェックのためじぶんたち自身の目で女優の裸体を見なければならなかった。

面接は代わってぼくがひき継いだ。面接もおわり、ポラ撮影くらいはできるだろうとそれは卜部にまかせた。

別室で撮影するため卜部と女優が出ていくとすぐにマネージャーが「彼、これすか？」と右手の甲を口の端にかざしていう。オカマかときいているのだ。

「ひょっとしてそうかもしれませんね」

その後マネージャーと雑談で時間をつぶしていたのだが、10分たってももどってこない。4、5枚撮るだけなのに。ぼくは「ちょっと見てきます」とことわって撮影ブースにいった。

ノックすると卜部の返事。「卜部くん、なにやってんの」「あ、はい」「ちょっとはいるね」

はいると彼女は着衣である。

「いま終わったの？」

「いえ、これから」

見ると着衣のポラが20枚ちかくもある。

「なに撮ってんの」

「はい、彼女写真撮られるのが好きみたいで」

ポラは1枚100円もする。すでに2000円だ。

「着衣はもういいから。パンイチの全身とバストアップ、それと背中側からも1枚撮って。使っていいのあと3枚だから。3枚ね！」


卜部の試用期間が終わった。

加藤がみなにどうときくと、だれもなにも言わない。ぼくはじぶんでは責任負いたくないくせに、だれかがほしいと手をあげないかな、などと虫のいい期待をしていた。いいやつなので解雇はつらい。だが一方ではだれも手をあげないだろうこともわかっていた。

「ま、しょうがないよな」加藤のそのひと言で卜部の処遇はきまった。

すると突然「じぶん、育てます」と相馬がいった。みながいっせいに相馬を見る。

「時間はかかるでしょうがモノにします」

しばらく考えていたようすの加藤だったが相馬のほうを見、「わかりました。じゃあおねがいします。やっぱダメだなっておもったら、そのときは遠慮なくいってください」といった。

ト部は不器用ながらいっしょうけんめいであった。基本は相馬メインではあったが、ほかのプロデューサーの手伝いもしたし、コピーとりや、私的な買い物（先輩プロデューサーのタバコや飲み物）などの雑用も率先しておこなった。じぶんより社歴の浅い新人がいてもだれよりもはやく「じぶんやります」と動いた。またあれほど女子からうとんじられ、気持ち悪がられてさえいたのに、いまでは〝とべっち〟（ト部のトがカタカナの〈と〉にみえる）などと広報女子連中からは呼ばれ、ランチもいっしょにいく仲となった。マネージャーがいったとおりLGBTなんだろう。

ト部の席は相馬のとなりだが、ぼくのとなりでもあった。あるとき相馬がいないのを見計らって、

「相馬の下は慣れた？」とたずねた。

「じぶん、いっしょうけんめいなだけなんで。慣れるもなにも、まだぜんぜん余裕ないです」

「相馬、超きびしいだろ。あいつの下で3カ月もつづくなんてたいしたもんだよ」

「たしかにきびしいですけど、でもあの人、正しいことしかいわないじゃないですか、だからつらいとか少しも思わないです。じぶんが悪いんだって」

「えらいねえ。みんながいるまえで、あんな大声でどなりつけられたら、ふつうはへこむもん

だけど」

「前職のことおもえば、ぜんぜんいいです」

「なにやってたの？」

「○○出版で子どもの学習教材売ってました」

「へえ～。なんか、あそこすごいブラックらしいね」

「はい。訪問先では母親の罵倒、会社にもどると上司の恫喝《どうかつ》、そんなんが毎日、朝から深夜までつづくんです。教材売れないやつは人間扱いなんてされません。あそこで働いたらたいがいのことはがまんできます。相馬さんもおっかないですが、でも理不尽なことはいわないので。だからぜんぜん余裕です」


が、それから1カ月、卜部がトンだ。

トンだとは業界用語で突然いなくなること。デスクのうえはそのまま。お気に入りのアイドルのDVDまである。どうやら計画的ではないようだ。トブやつはこの業界、とても多い。だからだれがトンでも制作・広報だれひとりおどろかなかったが、あの卜部が、ということで当初はざわざわした。「よっぽどつらかったんだねえ」という同情や「北朝鮮に拉致《らち》されたんじゃ」そんなトンデモ説までささやかれた。それからしばらくして、だれかれとなく、こんなうわさをするようになった。「卜部は女優といっしょに逃避行している」と。

うわさを総合すると、現場で出会った女優にひとめぼれした卜部が、彼女が風俗で働いていることを聞き出し、それから三日にあげず通うようになった。あるとき彼女は「ほんとはAVも風俗もやりたくない。元カレの借金のかたでむりやりやらされている」と告白。彼女に同情した卜部は2人だけで逃げる計画をたて、それを実行した。手段は車。卜部は実家住まいでじぶんの車をもっていたのだ。

それから数週間後、加藤が会議室に制作部全員をあつめて、卜部の件を話した。ほぼうわさどおりであった。彼女とふたりで日本全国をまわっていたのだが、四国あたりで金がつき、もどってきたそう。

連日、女優の所属事務所からつめられていたんだろう、加藤の顔は疲労の色が濃かった。どう少なく見積もっても4、500万は損害賠償金を払わされたのではないか。

「わかってるとおもうけど。ぜったいに現場以外で女優と親しくしないよう。マネージャー同伴であってもよほどの理由がないかぎり飲みにいかないよう。やぶったものはそれ相応の罰則がまってるから。以上」といって加藤は部屋をでていった。

数日後、卜部が置きっぱなしになっている私物の整理のため会社にきた。消え入りそうな声で「すいません、すいません」と左右に頭をさげながら、通路をすすんできた。相馬に深々と頭をさげ、デスクの私物をダンボール箱に詰めはじめる。相馬は席にすわったまま口を真一文字にむすび正面のどこか一点をにらみつけるように見ていたが、突然「ちょっといいか」といい、卜部をフロアの奥にある視聴ブースに連れていった。視聴ブースは監督がもってきた編集済みテープをチェックしたり、中身を見ながら細かい打ち合わせをしたりするところ。うなぎの寝床のような細長いスペースが3つに区切られ、それぞれにモニターが設置されている。

そこに2人ではいっていった。どのくらい経ったろう、部屋のなかからモニターでも倒れたような、ドシャガタンという音がフロア全体にひびいた。社内は水を打ったように静かになり、何人かがブースへと走った。ぼくもつづいた。すぐにドアがあき相馬が出てきた。真っ赤な顔、両目も真っ赤。視界にはなにもはいってないようで、遠巻きに見ているまわりの連中に一度も視線をやることなく、社員通用口から出ていった。

が、当の卜部がいっこうに出てこない。物音ひとつしない。だれかが恐るおそるドアを開けた。モニターやデッキ、イスが床にひっくりかえり、それらの奥、卜部は床の上、子宮のなかの胎児のような格好で横向きにたおれていた。両手で顔を覆い、肩や背中が小刻みに震えていた。

就活サイトにも載せることになって新卒ではいってくる人間もちらほら出てきた。彼女は新卒組であり、だから22か23歳くらいか。性格のキツそうな切れ長の目、すこし茶色いロングヘアー、広報も私服ＯＫだったが、好んでパンツスーツを着用していた。口数も笑顔も少なく、けっして話しかけやすいタイプではなかったが、男子からは人気が高かったようにおもう。ぼくは彼女のような勝気な美人には気後れしてしまうので、いちども話したことはなかった。が、あるときからである。彼女のことが気になりはじめた。恋心とかそんなんじゃない。以前どこかで会ったような気がするのだ。顔を見るたびその気持ちが強くなる。が、思い出せない。だったら本人に直接確認すればいいんだが、その勇気もなく、きっとぼくの思いちがいだろうと勝手に解決していた。

あるとき素人ものＡＶが得意な監督と打ち合わせをしていたときのこと。本題もおわり、その後のたわいもない雑談のなかで「まえに撮った自宅訪問のあれ、あれに出てた女がＡＶメーカーに就職したっていうんですよ」と監督がいった。その瞬間、腑に落ちた。

その作品は監督がナンパや知り合いの紹介などで知遇を得た女性の家にいき、タンスのなかや風呂場やトイレのチェックをし（当時そんなテレビ番組があり、それのパクリ）、その流れでエッチなことできる子とはやっちゃおうという企画であった。４人出演して、１人セックス、1人はキスまで、残り２人はなにもなし。１２０分でカラミ1人は少なく、あと２人女優でも仕込もうかとまよったが、逆に少ないからガチンコであるというロジック（ヤラセならセックス2人フェラ2人くらいの配分にする）と、4人のなかでもっとも美人がセックスしている意外性とお得感もあり、これでいこうとリリース（そこそこ売れた。どうやら素人AVファンはガチかヤラセかを見抜く力が高いよう。もちろんガチがよろこばれる）。広報の彼女はその作品で唯一セックスをした女性であった。

「彼女を紹介してくれたのが知り合いのADで」監督がいう。「そいつの大学んときの映画サークルの後輩なんですね、その子。で、そのADにこないだ会ったとき、『まえに紹介したあいつ、どっかのAVメーカーに就職したみたいなんですよ』って……いったいどこのメーカーなんだろ」

「へえ〜、どこなんでしょうね」

べつに会社のため、彼女のために口外しなかったのではなく、なんとなく本当のことをいうのがためらわれた。

その日、そのDVDを持って帰った。やはり彼女である。シェアでもしてるのか2段ベッド、壁にジム・ジャームッシュの『ナイト・オン・ザ・プラネット』のポスターが貼ってある。内容はほとんどおぼえてないがこのポスターだけは記憶にある。お約束のタンスチェックがおわり、ふた言三言ことばをかわすと（聞き取れないほどの小声）彼女が真剣な顔になり、突然キスがはじまった。画面に見入る。軽いキスが徐々に激しくなり、すると彼女はみずから服を脱ぎブラをとった。思った通り小ぶりな、だが形のいい胸があらわれた。ムックリと下半身が反応する。数秒逡巡《しゅんじゅん》するもええいままよ、とパンツを脱いだ。マックス硬いアソコ。監督に正常位でハメられ小さなアエギ声をあげる彼女をオカズに、ぼくは深く長く果てた。罪悪感、背徳感が性行為にもたらす効能をこのとき知った。


彼女は1年もおらずやめた。理由は知らない。

あるとき、加藤と2人きりでいたときのこと。

「恩地さん、知ってた？　○○っていたじゃん。あいつAV出たことあるんだって」

「え？　そうなんですか。いや……知りませんでした」

加藤はぼくの顔をじっと見ている。耐えきれず視線をはずし、すこしして見たら、まだぼくを見ていた。

第五章　運命の人との出会い

知り合いの監督から紹介したい人がいるんです、と連絡をうけた。なんでも業界歴30年のフリーの監督だという。

「30年ですか。またずいぶんとベテランの」

「でもぜんぜんえらぶったところのない人です。恩地さんと気が合うとおもいます。いちど会ってみてくれませんか」

当日はいい意味で予想を裏切られた。30年選手ときいて、アクのつよいエネルギッシュな男を想像していた。フリーの監督業を30年もつづけるにはこの業界はあまりにハードすぎる。ときに殴り合いのけんかも辞さない心身ともにタフな男でないと生き残れない。ぼく自身気弱な文化系なので、そういったタイプは苦手であった。が、いま目の前にいる男は、サブカル青年がそのまま年をかさねたような、柔和な50男。映画会社かレコード会社にいそうなタイプ。

ぼくは名刺をわたしたが、男からの名刺はなかった。ないことを詫びる風もなく「アサミテツヤです」と名乗り、つづけて「浅草の浅に、見物の見で、浅見です」。はじめて会社にくる人はみな「キレイな社屋ですね」「受付の人、エロいですね」など〝器〟の感想からはいるものだが、浅見はそれらにはこの日もそれ以後も一切ふれなかった。

席にすわるや浅見はタワーレコードの黄色いレジ袋からクリアファイルを取り出し、中にはいっていたただ1枚の紙をぼくに手わたしてきた。横書きで大きく〈熟女オムニバス〉、下に

2、3行なにか書かれているだけであとは余白。が、浅見はその資料を補足するでもなく、話はAVの誕生とその歩み、昨今の業界事情、あとは映画、小説、音楽などあっちこっちと移った。とりとめのない打ち合わせだったが、とても楽しかった。

この人をもっと知りたいと思ったので仕事をおねがいすることにした。

撮影初日、多摩川集合だというのでいってみると、そこには監督の浅見、女優と男優の3人がいた（単体女優の撮影にはマネージャーがつくが企画女優にはつかない）。ここでイメージシーンを撮って、その後ちかくのホテルにでもいくのかなと思っていると、男優が服を脱ぎ上半身はだかになった。ここでエロシーンを撮るつもりだ。撮影はふつうスタジオでおこなう。ナンパや素人ハメ撮りの場合のみホテルと決まっている。いや決まっているわけではないがおおむねそうだ。もし野外でエロシーンを撮る場合はぜったいに安全でなければならず、だから場所は人里離れた山奥と決まっていた。それを浅見は都心といってもいい多摩川で撮ろうとしている。丈高い草におおわれまわりからは見えないとはいえ危険だ。

「だいじょうぶですか？」心配なぼくは小声でたずねる。

「なにがですか？」

「こんなところで」

「川原でセックスしちゃいけないなんて法はないですよ」

「そうですが、ぼくら撮影ですし」

「カメラ持ってるのがやばいっておっしゃりたいんでしょ。だいじょうぶです、うまくやりますよ。女性の肌をもっとも美しくみせるのは自然光です。照明の光じゃこうはいきません」

ぼくは他人の目が心配だったので見張り役をかって出た。

しばらくして様子を見にいくと、なぜかパンツ1枚の男優がカメラをもち、代わりに下半身はだかの浅見がセックスしていた。

翌日は女優の所属事務所集合であった。そこからスタジオかホテルにでもいくのかと思っていると、今回もそうではなく、ここで撮るという。事務所に面接にきた熟女を流れでハメるという内容らしい。

「でも、ここじゃあ電話とか鳴るんじゃないんですか」

「そりゃ鳴りますよ。むしろ鳴ったほうがいいじゃないですか。〝リアリティ〟ではなく〝リアル〟なんです。このちがい、わかりますよね」

AVというとざっくり撮っているイメージがある。ようするにアバウト。が、実際は映画、テレビドラマなどと同じくらい神経質だ。カメラの隅に照明のコードがはいったり、外で車のクラクションが鳴ったりでも撮り直し。とくに子どもの声には神経質で、下校時のガヤガヤしてるときなど30分ちかく撮影中止になることがある。また監督によってはカメラ位置、画角、セリフの滑舌など商業映画なみに凝る人まで。その体でいくと事務所内設定とはいえ電話の音などアウトなのだ。事務所風スタジオを借りて撮影するのがふつうの考え方である。

「ところで男優おそいですね」

「くるはずなんだけど」

「こないとまずいですよね」

「まずくはないですよ。こなきゃぼくがやるからいいし……そうだ、恩地さんやればいいじゃですか」

「だめです。むりです」

「まだ若いのに」

「そうじゃなくて、会社的にNGなんです」

「どこだってそうですよ。建前ですが。みんなよろこんでパンツ脱いでます」

「いやほんとに……ところで、浅見さんがやるとして、カメラは？」

「恩地さんおねがいします」

「むりです。カメラもったことないです」

「なん年、制作やってます？」

「3年ですけど」

「じゃあだいじょうぶです」

「いやいや、だいじょうぶじゃないですって。AV的アングルはわかりますが、頭でわかってるのと実際やるのとはまたちがいます」

「習うより慣れよ、です。これから恩地さんがカメラまわすことだって出てきますから。ねっ、練習だとおもって。よしんば、うまく撮れてなかったとして、また撮り直せばいいだけの話です」

　けっきょく浅見が男優をやり、ぼくがカメラをまわした。緊張しすぎてなにをどう撮ったのかおぼえていない。


　このように浅見はなにからなにまで型破りな男であった。このあとも浅見はよくじぶんでセックスをしたが、そこにぼくやスタッフ、メイクの女性がいても平気ではだかになった。当時で50半ば。ふつうはその年齢であれば人まえでセックスなどしないもの。性欲が強く女好きの監督は撮影コンテンツにハメ撮り（監督みずからがカメラをもって女優とのセックスを撮る）をいれたがるが、その際は絶対個室で2人きりとなる。はだかやセックスを見られるのがはずかしいのだろう。またフルチンで人まえにたつのは監督としての威厳をそこなうという意識もあるようだ。

撮影から1カ月ほどたって、浅見から編集やってるんで遊びにきませんかと電話があった。夜8時すぎに浅見の事務所にいくと、無人の事務所、その奥の編集ブースにぽつんと1つだけあかりが灯り、浅見の背中が半分だけみえている。

イスをくるりとまわし、ぼくにむいて「いやあ、調子に乗って撮りすぎちゃって。往生してますよ。これ見てください」とカセットデッキのほうを指差す。そこには素材テープが山と積まれていた。ざっと数えても20本はくだらない。ふつうは6、7本といったところだ。

「恩地さんとの仕事が楽しくてついつい撮りすぎちゃって」

ここのところ編集ばかりの浅見は気分転換にぼくと飲みにいきたかったようで、この後2人で駅前のチェーンの居酒屋へとむかった。浅見は予想どおりしずかな酒であった。なん杯飲んでも顔色も態度も変わらない。ツマミにはほぼ手をつけず、ひっきりなしにタバコを吸い、生レモンサワーをガブガブ飲んだ。

「AVはここ数年でだいぶ変わりましたね。他のメーカーさんでも撮るんですけど、どこも同じようにこまごまとした注文がおおくて。カラミはなん分以内、コンテンツはいくつ、インタビューはこれとこれを訊け、イメージは――、とにかくこまかい。なかには構成表わたされ、このとおり撮ってください、なんて。女優のキャラを見て、その子にあったものを作る、むかしはそういうやり方だったたんだけど」

「ぼくらも最初は女優ごとに企画を立ててたんですが、楠本の意向でコンサルタントをいれたんです、元W社でプロデューサーやってた人を。その人いわく『これからのAVはフォーマットありき』だと。女優のキャラに合わせて作るのではなく、すでにあるフォーマットに女優をあてはめるやり方。たとえば『ごっくん50発』というシリーズをつくったなら50にこだわること。女優が100発飲めるといっても50。コンテンツも同じ。シーンの順番、イメージシーンの衣装や小道具からインタビューできくことまで。どの作品もすべて同じ構成、中身」

浅見はうなずき、真剣な顔でこちらを見ている。

「パッケージも同じで」ぼくはつづける。「シリーズはつねに同じ構図、同じデザイン。ただ写真を替えるだけ。これが売るためのコツらしいです。毎回しつこく同じにすることでようやくブランド力がつく」

「なんだか商品みたいですね。作品じゃなくて商品。いまは出せば売れますから会社としてはつべこべ言わずどんどん出せという姿勢になるんでしょう。多くリリースするためにはシステマチックにし、流れ作業でまわしていかないと追いつかないんだろうし」

「やってるぼくらは飽きちゃいますけど。だけど作り手の気持ちなんかどうだっていい、ユーザー本位で考えろ、と。彼らが飽きるまで、しつこく同じのを撮ればいいんだ、と」

「シリーズの監督さんたちは毎月同じの撮ってていやにならないのかね」

「金ですよ」吐き捨てるようぼくはいう。「風俗嬢とおんなじ。10万くれるからおまえなんかに抱かれてやってんだ、5万じゃ抱かれねえぞ、みたいな」

「風俗嬢と同じく彼らも堕ちていくんですね。一般映画撮りたいって業界はいってくる連中も多いのに、青雲の志いずこへ、だね。でもそうなるともう監督じゃなくて工場長だよね。メーカー側もこだわりの強い監督よりなんでもいうこときいてくれる人を重宝するでしょう」

「たしかにサラリーマンタイプの監督が増えましたね」

「でもね、メーカーとケンカするくらいの監督のほうが最終的には生き残りますよ。経験からそう思う。べつにいつもケンカ腰でいる必要はないんだけど、むこうに監督という職種をないがしろにするような言動があったときには徹底的に戦わないといけない。そんなときだまってると、連中ナメてかかってきますから。景気が悪くなったとき、まっさきに切られるのはそういうタイプです。さんざんわがまま聞いてあげたじゃないですか。だから仕事ください。情に訴えたところで、ますます図に乗るだけですから」

それから浅見から突然さそわれることが多くなった。いくといつだって浅見ひとりであった。

女優や技術スタッフなどほかのだれかがいたことはない。あるとき「いつも浅見さんひとりですね」とたずねた。そこには「友だちいないんですか」など他意はなく、また敏感な浅見もすぐにぼくの質問の意味を理解した。

「恩地さん的にどうです。呼ばれていったら、すでに何人かそろってて。だけどそういうときって、顔出した直後はかまってくれるんですが、すぐにあとは勝手にやってくれとほったらかしにされるじゃないですか。呼びつけたんなら、最後までもてなせよって思うわけ」

全面同意できるぼくは大きくうなずいた。

「その場の様子が手に取るようにわかるんです。『あっ、そういえば浅見っていたな、あいつなにしてんだろ』『おれ、電話番号知ってるぜ』するとみなが口々にかけろ、かけろと。単なるノリ。べつにたいして会いたいわけでもない」

浅見はつづけて、

「ま、なかには途中でやってきてその場の空気をぜんぶ持ってっちゃうやつもいるんだろうけど、ぼくはそうなれないし、いやほとんどがなれないから。だから一対一はおもてなしです、ぼくなりの」

ぼくからそんな質問を受けたからというわけではないだろうが、例によって電話があり「恩地さん、新宿のゴールデン街いったことありますか？」ときいてきた。ないと答えると興味があるかというので、一度はいってみたいと答えたら「ではこれからいきましょう」と浅見はいった。

ＡＶ業界人が多くあつまる店を皮切りに3、4軒もまわったろうか。行く店行く店に有名作家や〝文化人〟としてテレビに出ているような人たちがいて、それらの何人かと浅見は親しげに話をしていた。ぼくは横にじゃまにならないようにいるだけ。が、浅見はそんなぼくに気をつかい「かれはＡＶメーカーＭ社のプロデューサーで――」といく先々のだれかれにぼくのことを紹介し――Ｍ社といってもだれも知らなかった。ある程度の年配者にとってＡＶは宇宙企画にアリスＪＡＰＡＮなのだ――、相手との会話中にも通訳よろしく、いまのはこういう意味で、これはむかしこういうことがあって、など置いてきぼりにしないよう、毎度毎度注釈をくわえてくれた。

外が白々あけはじめたころ、ようやくお開きとなった。

浅見からのもてなしをじゅうぶんすぎるほど受けとった晩であった。

浅見には月に1本、例の熟女オムニバスを発注していた。

それほど売れてはいなかったが、それでもせっせと発注していたのは、ひとえに浅見との仕事が楽しかったから。撮影でもプライベートでも浅見といると人間としての成長が実感され、かつ刺激があった。

が、ひとつだけこまったことがあった。締切をまもってくれないのだ。

3日まえ、5日まえなどうその期日をいっても、お見通しとばかり反故にされ、強くいったところで（ぼくの強いなどたかが知れてるが）馬の耳になんちゃら。締切まえ、事務所にいって尻を叩くのだが、ぼくの顔を見ると飲みにいきたくなるようで、だから浅見からの誘いを「きょうはだめです」とピシャリ言い、編集機にむかわせることくらいがせいぜいであった。

あるときは「監督に寄り添うのもプロデューサーの仕事です」と未練たらしくいうのを「突き放すのも仕事です」と返し、またあるときは「息抜きしないといい仕事ができません」というのを編集用のパソコンの横に山と積まれたCDや映画DVDを指差し「じゅうぶんしてるでしょ」と返した。年齢はひとまわり以上もはなれていたが、ときに学友のようであり、ときに書生と老先生のようであった。

あるときそんな関係にヒビがはいるような出来事があった。

それは泊まりロケでのこと。浅見と泊まり撮影ははじめてなので数日まえからウキウキしていた。仕事ではあったが、気のおけない仲間と旅行にいくような気持ちで参加した。夜の宴会でのこと。ぼくは途中から記憶をなくすくらい酔った。

翌日朝7時、大広間の男スタッフは全員いっせいに起こされたが見事に二日酔い。応急処置として風呂にはいろうと階下の大浴場にいった。プロデューサーだから撮影準備など関係ないからとかなり長い時間かけて湯船につかっていた。どのくらいいただろう、大広間にもどり、ふすまを開けたら全スタッフの目がいっせいにぼくへと注がれた。ややあって背中をむけていた浅見がふりかえりぼくを見る。撮影まえのミーティングの最中、タイミング悪く、浴衣はだけた濡れタオル片手のぼくがはいっていってしまったのだ。そのときから浅見との関係がギクシャクしてしまった。

撮影がおわり帰京するワゴン車のなか、途中のインター休憩のとき、最後部にすわっている浅見の横に移動し、

「いろいろご迷惑かけまして、すいませんでした」とぼくは頭をさげた。

「あやまらないでください。迷惑なんてかけてないんだから」

浅見はぼくと目を合わせようともせず、吐いたタバコの煙をぼんやり見ている。

ややあって浅見が、

「なんだとおもう？」ときいてきた。

「あー、酔っ払いすぎたのと、えー、お風呂に――」

「あなた、大企業病にかかってるよ」

「え？　大、企業……」

「そう。大企業病。名のある会社にいるじぶんを特別な存在だ、と思いこんでしまうあれ。このロケでのきみは、まさにそれだぜ」

ぼくがじぶんを偉い？　まさか、そんな。

「酔うと人間、正体が出るから。熟女モデルらを（単体女優よりも）下に見ているような態度、彼女らからお酌を受けているときそれが感じられた。なによりいやなものを見たなというのが、宴会のときぼくがタバコをきらしたでしょ。あのとき財布から千円札2枚出してKくん（ベテランAD、ぼくより年上）に『ADさん、これで監督のタバコ買ってきて』と。そのとき、ああ、こういう男なんだ、と。あなたおぼえてないだろうけど」

はずかしくて浅見の顔を見られなかった。

「ぼくは肩書きとか年齢とか、どうだっていい男でさ、だからあなたのことも友人のつもりで接してたんだけど」

どのくらいたったろう、ようやく「気をつけます」といって頭をさげ、もといた座席へともどった。

先行メーカーにおくれること1年、ついに相馬もじぶんのメーカーを持つこととなった。企画ものメーカーである。いまでは「スーパー単体」「SM・レイプ」「人妻・熟女」「巨乳」「ぶっかけ・ゴックン」そして相馬の新メーカー。それに大本営のM社。つごう7つのメーカーが会社内に存在していた。

最初期のプロデューサーのうち（加藤は統括なのでのぞく）、これでぼくひとりがメーカーを持てていなかった。持ちたいという気持ちもとくにはなかったが、なにより持てるだけの成績をあげていなかった。

うちの会社の人物評価は社歴関係なし、売上のみ、である。協調性、まじめさ、人望、リーダーシップなど数値化できないものは除外。具体的には1月1日から12月31日までの1年間の売上が対象。それもこの期間にリリースされたもの限定。トータルの売上だと旧作もふくまれ、そのばあい社歴のふるい人間ほど有利になる。しかし1年で区切ると1月リリース作品ほど有利になり、後にいくほど不利、12月リリースなどは数週間分の売上しか計上されない。本来、大作や話題作は年末リリースが定番だが、これだとみなが翌年の1月にまわそうと考える。そうさせないために独自の計算式があみだされた。現時点の売上枚数にその計算式を当てはめると廃版になるまでのトータル売上枚数が算出されるのだ。

が、どこまで正確性はあるのか。ＡＶ、とくに単体ものはどの作品も発売３カ月間しか売れず、それ以降はほぼ売れない。だから売上予測も立てやすく、その計算式で出された数値は実売枚数とさほど差異はなかった。うちはこの数字でプロデューサーの給与が決められるのである。

このシステムが登場してからというもの今まで以上にみなが売ることにがむしゃらになっていく。パクってでも売れたもの勝ち。パクるとは聞き捨てならないが、そもそもAVはパクリの歴史である。缶コーヒーやビールのデザインに赤っぽい色づかいが流行れば各社いっせいに赤、金なら金というように、AVもあるメーカーでなにかが当たれば、たちどころに同じコンセプト、似たパケが出てくる。とくにうちの給料査定はこのシステムありきなので、システムの有効期間が1年限定である以上ロングセラーより瞬間的に売れる作品をねらったほうがいい。そのためには流行りものに乗っかるのが手っ取りばやいのだ。

いちおう社内には自社メーカー同士でパクってはならないという紳士協定はあったが結果的に似てしまうこともあり、たとえば他社の人気シリーズをA社とB社がパクリ、はからずもその2つが酷似、そういうときは加藤がでてきて「このコンセプトならA社のほうが売れそうだから、B社は今回は泣いて」とか「これはB社のほうが先にデザインしていたようだから、A社はデザイン変えて」など差配していた。だが変更を命じられたほうは腹がたつ。引くところは引き結果自社内他メーカーが売れればよし、というチームプレーの精神が社是《しゃぜ》とされてはいたが、あくまで建前で、うちは売れろ、ほかはこけろが、それぞれの本音だったろう。

その証拠に、売れるノウハウをもった制作会社やデザイナーの、プロデューサーによる囲い込みがはじまった。囲い込みとは特定の制作会社をそのメーカーだけが使えるようにすること。だが制作会社はより多くの仕事をしたいから、囲い込まれるより自由でいたい。囲い込むなら相応の金をくれと彼らは要求するが、それには応じられない。なぜならあきらかに高い制作費は請求書を一括管理している加藤にバレる。社内規定によるベースの制作費がありオーバーはできない。だから各メーカーのプロデューサーは「ほかのメーカーから撮影オファーがあってもことわってください。その代わりうちでたくさん仕事出しますから」と泣き落としにかかるが、泣きついてきたはずのプロデューサーが翌月ほかの制作会社に寝返る可能性もあり、口約束だけでは信用ならないのがこの世界。

そこでキックバックである。制作費からいくらかをプロデューサーにもどす＝バックするのである。担当は受け取ってしまった以上その制作会社を簡単には切れない。だがこれは犯罪、横領である。きっぱりことわれないのか。しかし人間は弱い。◯◯さんもやってますよ、といわれればつい受け取ってしまう。こうして共犯関係がうまれ一蓮托生《いちれんたくしょう》となる。だがふしぎなことにどんなに細心の注意をはらってもこの手の犯罪はバレるものなのだ。

めずらしく楠本が早い時間に会社にきた。そしてすぐに制作・広報全員が会議室に招集された。前日「あす緊急会議をおこなうので◯時ぜったい会社にいること」とメールがまわってきたのでめずらしくその日は全員いた。

　みなが部屋にはいったのを確認した楠本がいう。

「手短にいう。WとYは横領で解雇。Hは減棒──」

　スーパー単体メーカーのチーフプロデューサー、チーフ広報がキックバックでクビになったのだ。全員が神妙に聞いている。

　加藤がひきとっていう。

「これから試用期間の新人をのぞいた制作部全員をヒアリングします。きょうはこのあと現場にはいかないように。あと、身におぼえのあるやつ、いまから制作会社に口裏合わせの電話をしてもむだだから。主要制作会社にはすでに『キックバックの事実があるなら先に吐いちゃってください。その場合は御社との今後のおつきあいは善処いたします。ですがあとで発覚するようなことがあれば、弊社では仕事はできません』こう連絡してある。

　えー、ヒアリングはぼくと楠本さんでおこないます。よばれたら楠本さんの部屋にくるように」

　その日のランチは相馬にさそわれ2人でいった。めずらしい組み合わせだ。場所は会社のあるビルの地階のマクドナルド。ぼくはなんとかセット。相馬はビッグマック2個とポテトのL

にコーラのL。

「バカだよな。高い給料もらってるくせに」相馬はいう。

スーパー単体メーカーがもっとも売れており、そのチーフプロデューサーであるWがうちでもっとも高給取りであった。来年の年棒は億超えではないかともうわさされていた。

「単体メーカーなんて女優力だけじゃん。いい女優おさえればだれがプロデューサーやったっておんなじだから。おれみたいに脳みそしぼって仕事してないから、横領とかワイロとかバカなこと考えんだって」

相馬はWが解雇されたことがうれしそうな口ぶりであった。旺盛な食欲で、ハンバーガー、ポテトをパクつき、合間あいまにWの悪口をいいつづけた。

ぼくのヒアリングは夜中の1時半からはじまった。キックバックにかんしてはなんの心配もしていなかったが、この機に乗じて、成績の悪さをいわれるのではないかとビビっていたが、幸いなにもなく、5分たらずで解放された。

この際すべての膿を出そうということでヒアリングは徹底しておこなわれ、それは制作部員だけでなく、制作会社や事務所、社内の他部署（営業、出版、ITなど）にまでおよび、けっきょくすべて終わるのに1週間ちかくかかった。結果、先の2人とあわせ6人もの制作部員が解雇されることとなった。内訳はキックバックが4人、残り2人は女優とのプライベートな付き合い。２人とも既婚者だったので問答無用でアウト。

　イエローカードでなくいきなりレッドというのもずいぶんきびしい処遇だが、楠本の口ぐせに「おれらこういう世界におるからこそ、じぶんを律しなあかんぞ」というのがあった。ＡＶ業界なんてどうせ金や下半身にルーズな連中の集まりだろ——われわれは一般人からそんなイメージをもたれがちだ。だからこそ連中に「やっぱりなあ」と思われないためにもじぶんを律して生きろ、という意味だ。それを楠本は行動で示したというわけである。

　今回のことで「楠本さんの例の口ぐせ、あれ〝つもり〟じゃなくてマジなんだ」と制作部員全員震えあがったのはいうまでもない。

第六章　大阪にいた鍵をにぎる男

女優、事務所、制作会社、技術スタッフ、男優と全業界人あつめての大忘年会をうちのグループで毎年主催していたが、予算増やすから今年はもっと盛大にしろ、と社長から命令がくだり、楠本はその目玉として作品賞をやろうと考えた。従来はビンゴ大会が目玉だったが、もっともりあげるにはなにか、それには作品賞しかないと。これにかんし各自もちかえって吟味、1週間後、それぞれの考えた作品賞、その内訳をきかせてほしい、と楠本から制作陣に話があった。

1週間後。小会議室にチーフプロデューサーらがあつまっている。ぼくはチーフではないが社歴がながいので出席していた。

「おれが考えたんは」楠本がいう。「全メーカーひっくるめて売上の上位3位ともっとも売れた女優1位。ほんとはこれも3位まで発表したいとこやけど、いくら上位とはいえ2位と3位はおもろないやろと。だから1人だけ。で、売上1位と女優は賞金100万、売上2位3位はそれぞれ50万と30万。どう？」

メーカー単位でも表彰したい、利益率上位もいれたらどうだ、など意見も出たがいずれも大同小異。けっきょく、たくさん表彰したいのはやまやまだが時間がないのと、ながいと客もだらけるということで楠本の意見がそのまま採用されることとなった。

「ブービー賞はどうですか」突然相馬がいった。

すると加藤が「プロデューサーはともかく監督はどうなんだろう。売上の責任まで負わせるのは酷なような。だって彼らはメーカーの発注どおり撮ってるだけなんだし」と疑問をはさむ。しばらくして「もりあがりそうやからできればやりたいよな」と楠本。「おい、G、いまちょっとパソコンでブービー候補見てくれんか」

いくつかの候補のなか圧倒的最下位の作品があった。まちがいなく今年のブービーだという。それは『デカ・ぶっかけ』という作品であった。小柄、ガリガリ、草食系、そんな汁男優をチョイスし、超巨漢の女にぶっかける（顔面に射精する）という企画。担当はぼくで監督は張川だ。

「張川さんってどんな人？」楠本がぼくにきく。

横から加藤が「問題ありません」と即答。そして「恩地さん、当日、ブービー賞で壇上あがってもいいかきいてみて。ゴネないとはおもうけど、ごちゃごちゃいってきたら、こんど大ぐちの仕事まわしますからってバーターつけて――」そして一呼吸おいて「ところで、なんかある？　恩地さん」一度も口をひらいていないぼくに加藤がきいてきた。

「中身いいのに売れなかったのってあるとおもうんです」ぼくはいう。「各プロデューサーがそういう売れなかったけど自信作を1本選出し、それを識者、そうですね、著名なAVライター数名に見てもらって、もっともすぐれた1本をえらぶ、という」

「作品賞のおまけとして？　それともそのネタ1本で？」と加藤。

「1本、です」

楠本が横から、

「それ、オレンジ通信とかビデオ・ザ・なんちゃらとか、ああいった雑誌で毎年やってるやつやろ。おれ、どんな作品が選ばれとるのかしらんけど、あれに選ばれると、その作品売れ出したりするの？　たぶん売れへんやろ。それなりに権威があるんやろうし、選ばれれば監督も励みになるんやろうけど。いや、恩地さんのいいたいことはわかるけど、だけど、それAVでやってもしゃーないって。完成度とか社会的意義とか、そんなんだれも求めとらせんだろ」

「売れてるってだけでじゅうぶん栄誉に浴しているわけで、そのうえまた賞金とか賞賛とか」

ぼくは抗弁した。

「そうや。あかんか？　だって売れたんやし。売れるってそういうことやないの」楠本が不思議そうな顔でぼくを見た。


次に浅見に会ったとき、このことを話した。浅見は編集ブースのイスの背にもたれかかり、頭のうしろで両手を組み、にやにやしたり真剣な表情になったり、だが途中口をはさまず、最後までだまってきいていた。

ぼくがいい終わると、ちょっと間をおいてから浅見は、

「詳細は忘れましたが、ことばの正しい意味は？　みたいなアンケートがあって。〈気のおけ

ない〉とか〈奇特〉とか、ああいったの。そのひとつに〈勝者or敗者に報酬はない〉があって。すると敗者が正しいとするほうが七割ちかくあったのね。ヘミングウェイの有名なことばで前者が正しいんだけど。教育なのか民族性なのか、日本人は後者がしっくりくるよう。だから楠本氏の考えも、それに賛成する連中も、わからんでもない」

そしてにやにやしはじめたかとおもうと、

「しかし、下品だね。いかにもおたくの会社らしい」

「下品？」

「そう、下品。まあ、金儲けってものが下品だから」

「浅見さん的にはやっぱぼくのほうが」

「いや、楠本氏のも恩地さんのも、両方ない。賞というもの自体、ない。衆人環視のもと、もらってよろこんで拍手されて……そんな茶番見るにたえない」

それからどのくらいたったろう、突然、浅見と連絡がとれなくなった。電話をしても出ず、留守電に吹きこんでも折り返しもない。さすがに変だぞと浅見を紹介してくれた監督に電話するも、彼もぼく同様まったく連絡がつかないという。

忘年会もおわり、数日でクリスマスというある日の夜、浅見から電話がかかってきた。

「なにがあったんですか⁉　心配しましたよ」

「すいません……ところできょう空いてますか。いまから高田馬場まで出てこれませんか」

駅前でおちあい、最初に目についた居酒屋にはいった。

電話の声から憔悴しているらしいことはわかったが、いま、明るいところで見ると外観もかなり変貌をとげていた。

いつも白髪まじりのサラサラの髪を七三に分けていたが、いまはバンダナを頭部にきっちり巻き、さらに上から野球帽というスタイル。両目、そのまわりが赤黒く腫れあがり、メガネが平行ではなく、たすき掛けのように斜めっており、左のつるの付け根部分がセロテープでぐるぐる巻きにされている。

これだけでもかなりの変わりようだが、まだなにかが変であった。しばらくしてようやく気づいた。まゆ毛が両方ともなく、かわりに黒マジックでまゆ毛もどきが描かれており、じぶんで描いたんだろう、それらはながさも幅も位置も左右非対称であった。

浅見にきかれるままじぶんの近況報告をしていたのだが、どうにも変貌ぶりが気になってしかたがない。やがて料理に口をつけはじめた浅見であったが、右手で不器用そうに箸を動かしている。浅見はペンも箸も左なので、右手を使っていることにすぐに違和感をもち、空いている左手を見ると、小指全体紫に変色し、真ん中あたりがおおきくふくらんでいる。まるで釣りの浮き。ひと目で折れているとわかる。顔のこともふくめ、いったいどうしたのかときいた。

「じつは……さあ、どこから話したらいいのか」

ここ1年、浅見はうちでの仕事と同時に、薄消しのメーカーを立ちあげようと奔走していた。薄消しとは超薄いモザイクのことで、見ためにはいってないに等しい。だったらいれなくていいではないか。だが日本ではノーモザイクは違法である。ようするに警察につっこまれたとき「不慣れなものでモザイクの濃さのレベルがわかりませんでした」そう言い逃れるための方便なのだ。そういう作品を薄消しという。

そのメーカー設立のための資金を半グレ集団のリーダーであるYという青年から借りた。共同経営者になろうと持ちかけ3000万、現金で。浅見はその金で編集機、モザイク処理機、DVDプレス台、その他もろもろ必要な機材を購入、事務所も借りメーカーをスタートさせた。

だがまったく売れず、仲間割れもあり、早々に空中分解。当然金を返せと矢のような催促のYであったが借りた3000万などとうに使いきり、それにたいし浅見は、来週返す、来月返す、10万だけ返すと、なんとか言い逃れをしていた。

「だけど、いっしょにやってたやつがぼくを売って。新宿で拉致されて。もう毎日リンチで」

折れた左手の小指をぼくの目の前に掲げ「ある日ボキッとやられて。『あすは反対の小指か、それとも薬指か』って。すると朝起きたら、髪とまゆ毛がばっさり抜けちゃってて」言いながら頭のバンダナをずらすと、そこにはなまっちろい地肌が見えた。

「ある日すきを見て逃げ出し、無我夢中で走って気づいたら高田馬場だったんです」

「これからどうするんですか」

「……」

浅見は心底こまったような顔で「だれかかくまってくれる知り合いいませんか」といった。

そんな知り合いがいないことを浅見は知っており、これは言外にぼくのアパートでかくまってくれという意味だ。2、3日ならともかくそれ以上ながくいられるのは……。

そのとき水田の顔がうかんだ。


彼と知り合ったのはさかのぼること1年まえ。ある日会社に一本の電話があり、むかいにすわる広報から「なんだかよくわかんないんですけど制作の人いますかって。恩地さん代わってください」とたのまれた。その電話の主が水田であった。べつのもっと遠い席の広報が電話をとっていたら、その広報がぼくではなくべつの制作にたのんでいたら、水田がうちの会社に足をふみいれることはなかっただろう。

電話を代わると、

「あの、すいません。AVに出たいゆうてる女の子がいまして。で、ですね――」

こてこての大阪弁。

「あのー、事務所の方ですか」ぼくはたずねる。

「いえ、ちがいます。あの、やっぱ、事務所とかやってないとあかんですか」うちはそういうのは気にしてないと答えると「ああ、よかったあ。じぶん、AVのこと、ほんまなんも知らんのですよ。ずーっと大阪におってですね、そんで、その女の子いうんは、ぼくが直接ゆうか知り合いの人んところの女の子って意味で――」

要領をえない話、事務所の人間ではなく業界にいたことすらない、まともな制作部員だったら相手にしなかっただろうが、なぜかこの男を邪険にはできなかった。それは気持ちが先走り話をうまく整理することができない、水田のそういうところがじぶんと似ていたからかもしれない。

「じぶんの知り合いの知り合いにAVにでたいという女の子がいる、で、水田さんがその手引きをしようとしている、と」

「そうです、そうです。そんでですね――」

水田は大阪でヘルスを経営しており、むかし世話になった人から「うちの店の子でAV出たいちゅうとる子がおんねん。水田おまえAV業界に知り合いおるか」ときかれ「います。いや、おらんけどいけます。まかせといてください」と安請け合いし、とりあえずパッケージの裏面の電話番号に片っぱしから電話してみたものの、どこも相手にしてくれず、途方にくれていたらしい。

「知り合いは『いくつかあたってみたけどやっぱあかんでした』ゆうても『そやったか。しゃーないな』そうゆうてくれはる人やけど、やっぱよろこぶ顔見たいやないですか。がっかりする顔いややないですか。そんでよっしゃって、もっかいネジまいて、全メーカー電話かけたろやないかって」

「そうですか……ところでその子ってのはかわいいんですか」

「ブスではないんですけど、そないかわいくもないんです」

正直な人だ。

「わかりました。写真かなんかありますよね。とりあえずそれ郵送してくれませんか」

当時メールに写真データを添付することはすでに可能ではあったが、業界ではまだ一般的ではなかった。

「直接わたします。あしたおられますか」

「東京にいらっしゃるんですか」

「大阪ですけど」

「そんなわざわざ。もしかしてだめかもしれないですし」

「そんなんかまいません。おたくさんさえよければあしたうかがいます」

翌日、昼に出社するやすぐに「お客さまがお待ちです」と受付から内線がかかってきた。だれだろう。水田なら午後1時からのはずだけど。いぶかりつつ応接室にはいると、紺のブレザー、うすい水色のシャツにダメージジーンズをはいた長身の男がソファから立ちあがった。髪は当時若者を中心に流行っていたソフトモヒカン。男性ファッション誌から抜け出たような外見。おかしいな、事務所マネージャーと打ち合わせなんてあったっけなと思いながら、男のほうへ近づくと「水田です」と大阪アクセントでいい、名刺をわたしてきた。電話の様子で小太りのさえない感じの男を予想していたので軽く裏切られた感じ。

「わざわざ遠いところすいません」ぼくはいう。

「いいんです」水田はきょろきょろ部屋の中を見、「ほんまごっつい会社ですね。東京のAVメーカーさんはどこもこんなんなんですか」

「どうなんでしょう。ほかは知らないですが。まあ器だけですよ」

「ウツワ？　ウツワってなんですか」

「外見というかみてくれというか……いや、まあいいです。ところでどんな子なんですか」

「この子なんですわ」バッグから半透明のビニール袋をとり出し、中の写真を1枚1枚テーブルのうえにならべはじめた。

ビミョーである。ただ複数もののなかの1人なら問題ない。そのことをつげると、ピンではあかんですか、と水田。

「正直きびしいですね」

「どうしてもあかんですか」

「うーん」

「なんとかあかんですか」食い下がりが強い。

「企画じゃだめなんですか」逆にぼくがきく。

「企画？　なんですか、それ」

女優のギャラのランクであると水田に説明した。パケに単独で写るのが単体でギャラは下は150万くらいから。企画は20万か30万で、パケに単独は、ほぼない。

「ほぼないってどういうことですか。ゆうてもギャラはいくらでもええんです。パケに1人でバーン写ってればええんです。金やなくて、ようは記念出演です」

水田という男は世話好きで義理がたくうそがつけないタイプなんだろう。ヘルスを経営しているくらいだから成功者といってもいいんだろうが、成功の数倍失敗も重ねてきた、そんな人生にみえる。若いのに苦労人であろう彼をなんとか助ける方法はないだろうか。

「たとえばハードプレーできますか。アナルファックとか、中出し、もちろん本物の中出しです。あとぶっかけといって顔に精子をたくさんかけられたりとか」

「できますできます。ぜんぜんできます。それやったらピンでいけるんですか」

できますできますって。彼女に訊いてもいないのに。あとさき考えないのが〝水田流〟らしい。

打ち合わせがすむと水田はあわただしく大阪に帰っていった。

夜の12時、知らない番号から電話がはいる。こんな時間だれだろうと出ると水田であった。

「できます！　ほんまありがとうございます。ほんで撮影いつですか」


1週間後、水田と女優、張川とぼくが応接室で対峙している。

張川になんでもできる子がいるんですけど撮りますか、といったら「どこまでOKなんですか」ときくから「くわしくはわからないんで、直接きいてもいいですよ」とこたえたら「いいんですか。じゃあなにやるか考えときます」と目をギラギラさせていった。

張川は先走るところがあり、監督面接でもつい暴走して、あとからマネージャーに「あんな風に言われるとモデルびびってトンじゃうんで、もうちょっとデリケートに」といわれることがままあり、最近では「監面できくこと事前におしえてください。チェックしてからぼくが女優にききます。張川さんは直接やり取りしないで」こう申しわたしていたのだ。

ぶっかけや中出し、アナルファックなど次々OKした彼女に、つづけて張川は「おしっこかけられるのは?」「飲むのは?」「じゃあ、うんこは?」とたたみかける。すかさずぼくは待ったをかけた。

「うんこってだれがするの」

「汁男が」

「それはなしです。男のうんこなんてユーザー引くでしょ」

「女優だったらいいんですか。でもおれ事務所に知り合いいないんだよな」

「それはぼくが探します。でもその女優のギャラは制作費のなかから出してください。今回いつもより多めにしてるんですから、そこおねがいします」

張川の操縦法はもうわかっている。この男はただトンデモ映像が撮れればよく、それを「張川さん、すごいの撮りましたね」とほめられるのが無上の喜びであり、そのためには多少儲けが減ってもかまわないのだ。

張川のなかには構想があり、それは当時『24(トゥエンティ・フォー)』というアメリカのテレビドラマが日本で流行っていて、それのAV版であった。

24時間のなかでレイプ、輪姦、ぶっかけに中出しなど凌辱の限りをつくすという内容。ぼくはそのドラマを見たことはなかったが、なにやら画面のうえに時計の針のテロップを出して、24時間でおこることを逐一映すという。そこまでパクりたいと。その際張川がこだわったのはじっさいに24時間カメラをまわすということであった。そこはぼくも同感であった。

ぼくらふたりは性格的にはなんら似てないが「本物」にこだわるところだけは似ていた。だからこれまでいっしょにやってこれたのだろう。予算管理のできるプロデューサーならどうせ2時間しか収録できないんだし、そこ演出でやってよ、となるはず。右も左もわからない水田は、24時間撮り続けるという申し出をもちろんのこと承諾した。

作品はそこそこ売れた。パッケージも本物の『24』丸パクリ。一般作ならクレームはいるところだが、むこうもまあAVだし、とでも思ってくれたのか、そもそも気づかれてすらいないのか。

これには後日談がある。彼女のギャラを水田の口座に振りこんでから2週間くらいたったころ、水田から「ぼくのギャラはいつ振りこまれるんですか」と連絡があった。この男、女優ギャラからマージンを抜くということすらわかっていなかったのだ。

単独や彼女同伴での数回の上京、その際の宿泊費、食事代、新幹線代、もろもろ合わせると20万はかかっていたはず。これらすべて水田の持ち出しである。じぶんの取り分は女優ギャラから抜くもんだよ、と教えたら、水田は「せやったあ。風俗でもそうやのに。アホなことしてもうた」と電話のむこうで叫んだ。大げさに頭をかかえている水田の顔がうかぶ。なんだかもうしわけなく「いい子がいたらまた撮ります。そのときはちゃんと今回の分もふくめて抜いてください」といい、実際それから4、5カ月あとにもういちど仕事をした。

その2回めの仕事のとき、水田はことあるごとに大阪きてください、とさそってきた。世話になった礼がしたいのだ、と。

その水田に電話したのだ。最後に話したときから半年ほどたっていた。あいさつのあと、

「ところで水田さんとこのヘルス、従業員足りてます？」とたずねる。

「はあ、まあ」

「従業員の年齢制限とかあったりするんですか。あと社員寮みたいな」

「いえ、そうゆうんはないんですけど」

いや、まわりくどいのはよそう。この男にはストレートに言ったほうがいい。

「じつは知り合いで、ヘタうって東京にいられなくなった人がいて。水田さんとこのヘルスで働かせてもらえないかと」

「いくつくらいの人なんですか」

「50半ばなんです」

すこし間があった。が、すぐに、

「わかりました。だいじょうぶです。年明けまた連絡くれませんか」と水田はいった。

浅見に話すとふたつ返事でいくという。しぶっても強引にいかせるつもりではあったが。

明けて1月の10日、ぼくと浅見は大阪は地下鉄日本橋駅の地上出口のところでまっていた。待ち合わせ時間の18時ころ、窓を濃いスモークフィルムで覆った黒いワゴン車がハザードを出してとまった。あれだろう。運転席から水田があらわれ、こっちに近づいてくる。ぼくを見つけると大きな声で「おひさしぶりです。よーきてくれはりました」と満面の笑み。

「こちらが例の人です。浅見さんです」

浅見はぼくの数歩うしろに立っていた。

浅見を見た瞬間、水田の表情がかたまった、ような気がした。

「はじめまして、水田です」こころもち口調がかたい。

「あ、浅見です」蚊の鳴くような声。

「お食事まだですよね。そのまえにアパートいきましょか」

車のなかではみながぎこちなかった。初顔合わせというのもあるんだろうが、それ以上にふたりの人間のタイプがあまりにもちがうから。浅見はああいった感じだが、水田は中卒で風俗の世界に飛びこんだ叩き上げ。本も映画も音楽も興味なし。女とギャンブルと金儲けだけの人生。キャラも趣味嗜好もすべてが真逆なのである。ふたりにはたがいの人物像を説明してなかったから想像とちがいすぎ、いまはおどろいているんだろう。

20分ほども走ったろうか、くすんだ色の建物がおおい工場地帯へと車ははいり、やがて2階建ての木造アパートのまえで停まった。どうやらそこが浅見の住まいのようだ。とりあえず3人で部屋にいく。階段をあがったところ、そのいちばん手前。ドアを開けなかにはいると新品の畳のにおいがした。四畳半ひと間、半畳程度のキッチンがついている。

「いちおう突貫で掃除したんですけど。布団は新しいやつですから」水田はいう。つづけて「オカンの持ってるアレで。ぜんぜんはいる人がいなくて」

そうはいったが、ぼくはここは寮でもオカンの持ちアパートでもなく、このためにわざわざ水田が借りた、そう直感した。

その日は水田に焼肉をごちそうになったあと、なぜかアパートとは反対の梅田方面へと車はむかい、豪華なホテル、そのエントランスに水田は車を停めた。入口には「阪急ホテル」とある。なんだろうとおもっていると水田は助手席のぼくを見て「きょうはふたりでここに泊まってください。水田の名前でとってありますんで」といい、そして後部座席の浅見に顔をむけると「浅見さん、あしたからよろしくおねがいします。あすの朝9時ロビーでまっててください。むかえにいきます」

ぼくと浅見はチェックインし、予約された部屋のドアを開けた。広い。芸能人お宅拝見のリビングほどの広さ、豪壮さがある。スイートだ。それもホテルでもっとも高価なスイートにちがいない。

浅見ははいるとすぐにタバコに火をつけ、片側一面ガラス張りの窓際にいき、大阪の夜景をながめていた。

ところで焼肉屋でのこと。浅見がトイレに立ったとき、水田がぼくのほうに顔を近づけ、小声で「2カ月だけ。2カ月はお世話します。でも、そのあとはひとりでやってほしいんです。だいじょうぶですかねえ」と不安そうにいった。

「2カ月もあればだいじょうぶです」だが、ぼくも不安であった。

第七章　自身のメーカーを作って監督デビュー

どういういきさつでそうなったのかはわからないが、ＴＯＨＪＩＲＯ（以下トージロー）監督率いるＡＶメーカー・ドグマとうちのＭ社がコラボすることになった。コラボといっても制作費はすべてこっち持ち、ようするにトージロー監督をうちに招聘《しょうへい》するという形である。

その作品のプロデューサーがぼくとなった。楠本から指名されたのだ。社歴こそながいがペーペーの平プロデューサーと大御所監督では釣り合いがとれない。ほかにもっとふさわしい人材がいなかったのか。これは想像だが、消去法でぼくになったのではないか。順に声をかけていってもだれも首をたてにふらないから、それでぼくにお鉢がまわってきたと。トージロー監督がどうとかではなく、プロデューサーはじぶんと同世代か年下、性格的にも従順な人間を支配下におきたがる。大御所監督だとなにかと気を遣わなくてはならず、積極的にはやりたくないものなのだ。

ドグマの専属女優である森下くるみちゃんとＭ社の専属であるＡ・Ｎの共演作、これだけは決まっていた。あとはプロデューサーとしてコンセプト、内容、予算などを話し合いのもと決めていくのであるが、いってもぼくはお飾りであり、監督が「あれやりたい、これやりたい」「こういうのどう？」というアイデアを「それいいですね」「ぜひやりましょう」とすべて受け入れるのみ。けっきょく時代劇風ＡＶということになった。

さて、監督面接。しかしＡ・Ｎは出たが森下くるみちゃんは出なかった。

共演というスタイルであるなら撮影まえにふたりを会わせておいたほうがいいし、今作はドラマものでふたりの掛け合いも多いとなればなおさらである。なぜ彼女が欠席なのかはわからない。きっと現場ではじめて会わせておもしろい化学反応を出したい、監督のそんなもくろみだったのではないか。ただぼくとしてはできれば会っておきたかった。というのも森下くるみちゃんはすでにビッグネームで、だからいろいろとうわさをきいていた。プライドが高く気むずかしく、仕事のできないスタッフにはきびしいと（実際そんなことはなかったのだが）。ぼくは仕事のできない男なので、現場で「なにこいつ！」と思われるよりは、事前にダメっぷりを認知しておいてほしい意味でも会っておきたかった。

撮影は山梨の温泉宿を借りきっての4日撮り。予算はなんと1000万。だがこれも後々雨をふらす機械がほしいやら、もう1泊しないと撮りきれないやらと注文が噴出、トータル1500万くらいになった（通常2日撮りで200万が当時のうちの平均的な予算）。

さて初日。ドグマチームは先にはいっており、すこし遅れてぼくとA・N、そのマネージャーが旅館にはいった。

ぼくはプロデューサーとして待機部屋や撮影現場などに出むいて、監督や監督付きのマネージャー、ドグマのプロデューサーらにあいさつし、そして最後、くるみちゃんへのあいさつにむかった。彼女専用の控え室があり、そこにいるという。古い旅館なのでドアではなくふすま。

ぼくはふすまをコトコトとノックして部屋にはいった。彼女は半纏《はんてん》のようなものを羽織って座布団にすわり、四角いテーブルのうえに台本をひろげて読んでいた。

「はじめまして。M社の恩地ともうします。きょうから4日間よろしくおねがいします」ぼくは正座し、あいさつした。

台本から目をあげた彼女は、

「生涯のベストスリー映画、なんですか」とたずねてきた。いきなりである。

これには説明がいる。その頃ぼくはビデオ・ザ・ワールドというAV誌でコラムを書いており、この雑誌は当時数多くあったAV誌のなかでは際立ってサブカル色が強く、この雑誌で書くということは「じぶんはサブカル好きである」という表明でもあった。そういったわけで彼女はぼくのことをそっち系の人間とでも思ったんだろう。だが、ぼくの場合浅見の口利きで書いていたにすぎず、サブカルにさほど興味のない男。一方彼女はといえばブログ等読むかぎりバリバリのサブカル少女であり、だからこその質問なのであった。

きかれたぼくは答えられなかった。この手の質問は事前に用意しておいてほしいもの。

「あー、ええと……撮影終了時までに思い出しておきます」とその場はそう言い逃れるしかなかった。

けっきょくロケ中、なかなかいうタイミングがとれず、撮影終了をむかえ、いまに至るまでその機会はめぐってこない。

1カ月ほどして水田から電話があった。浅見の様子をたずねると、

「元気にやってます。大阪きたばかりんときの暗い感じはぜんぜんありません。最近は覚えたての大阪弁を使って話すんですが、それがけったいなんですわ。ほんま、おもろいおっさんですわ、あの人」という。

元気な浅見、大阪弁をはなす浅見、おもろい浅見、それらの姿がまるで想像できない。

「恩地さん、こんど大阪きてください。3人でメシ食いましょう」水田はそういって電話をきった。

その電話から1カ月のち、週末を利用して大阪にいった。

水田は新大阪駅に例の黒いワゴン車でむかえにきてくれた。後部座席にすわると、助手席には浅見がおり、大阪市街にむかうあいだ、ふりかえってはこちらの近況をきいてくる。以前よりも元気になったという話であったが、ふた言三言ことばを交わしただけで、それはすぐにわかった。

とりあえずお好み焼き屋にはいり腰を落ちつける。

「浅見さん、大阪どうですか」ぼくは真向かいの浅見にきく。

「ぼくは生まれも育ちも東京で、だから大阪という土地にたいしても大阪人にたいしてもむしろ一段下に見ていたというか、そういう優越感みたいなものをもってってね。まったくもって鼻持ちならない男なんだけど。ところがいざ住んでみるとね、これがまたなんというか、巨大な胃袋のような、なんでも受け入れる――」

「またや！　話ながいって」水田が割りこむ。そしてぼくのほうを見て「このおっさん、話ながいでしょ。ほんでオチもあらへんし。最初ん頃は、おとなしゅうきいてたんやけど、だんだんアホらしなってきて、最近は『オチないんやったら（話さんで）ええから』ですわ」

「センセ！」こんどは浅見が割りこみ「ぼくがしゃべってんだから話の腰折らないで。ほんとこれだから大阪人は。〝ぎょうさん、イラチやわ〟」

「出た！　気色わるい大阪弁つかうな！」水田はぼくを見「これですわ。おかしいでしょ」

にやにやしながらやり取りを見ていたぼくは浅見にきく。

「ところで浅見さんは水田さんとこの仕事はしてるんですか」

「うーん、いまはなんというか高等遊民ならぬ下等遊民というか」

「ユーミン？　やからむずかしいことばつこたらあかんゆうてるやんけ」水田はこんどはぼくのほうを見「ここでは禁止させてるんですわ、へんな四文字熟語とか」

最初はプレールームの掃除などをやらせていたが、すぐにホームページのデザイン、店のコースやコスプレの衣装など、ああしたほうがいい、こうしたほうがいい、とダメ出しをはじめ、だが言われてみればなるほどということも多々あり、いまでは店の相談役みたいなポジションにおさまっているそう。好きな時間に出てきて、ブラブラしたり、スタッフと雑談したり、あとは悩みを抱えた風俗嬢の相談にのったり。水田がワーッとまくしたてるほうだから、いまではスタッフやキャストの緩衝材としてなくてはならない存在らしい。

「小遣い程度の金わたして、あんじょうやってもらってますわ」水田はいう。

このあとわれわれはミナミの高級クラブに移動した。そこで水田はカラオケのマイクを握り、なんとビートルズを歌った。当然浅見が教えたはず。水と油、混ざることもあるようだ。

そのころ会社は新メーカー設立ブームであり、2005年の時点で20を超えるメーカーがあった。高度成長期の「産めや増やせや」のベビーブームさながら、会社も新メーカー設立を後押しした。1カ月の総制作額(作品の制作費だけでなく広告費も含む)が30億を超えるようになり、ある日の会議で加藤が「テレビ東京よりも金出してんだから、こころして使うように」とニコニコ顔でいった。

ところでそんなにメーカーがあって客の取り合いにならないのか。

当時AVはバブル真っ只中で取り合いなんて心配はこれっぽっちもなく、メーカーを増やすことは、ビデオショップの棚、この棚をうちのグループメーカーだけで支配するという社長の野望を叶えるためには必要な戦略であった。というのも営業が店にたいし「こんど新しいSMメーカーができました。A社（他のSMメーカー）さんとこの棚、かわりにうちのを置いてくださいﾞ」とプッシュすれば、店も試しにそうしてみる。売れなきゃふたたびA社にもどすだろうが、売れればそのままである。このように新メーカーは棚取りのために必要なツールなのであった。

これら新メーカー、本体であるM社から独立したプロデューサーがはじめる場合もあったが、すでにメーカーをもっているプロデューサーが新たにはじめることも多かった。どうやら人間にとって成功体験は麻薬であり、一度メーカーを作って成功をあじわった者は、何度でもそれをあじわいたいと思うようだ。

この流れに乗っかって相馬もまた新しいメーカーをはじめた。今度は単体メーカーである。企画ものは単体にくらべて女優ギャラが低い分利益は出やすいが、単体のように爆発的には売れない。小ヒットかよくて中ヒット。『痴漢電車』のようなメガヒットは例外なのだ。そのくせ企画を考えるのに単体の数十倍の頭脳労働が必要。ようするに割に合わないのである。相馬が単体メーカーを立ちあげたのは楽して儲けたいという気持ちがすべてだろう。

だが業界全体の新メーカー設立スピードにAV女優の供給が追いついていなかった。そのためだろう、この頃から「水増し単体」が増えてきた。以前なら単体になれなかったレベルが、コマ不足により単体として契約を結べるようになったのだ。

ただ相馬にかんしては、リリース枠を埋めるためだけに安易に水増しに流れるはずはなく、また事務所の「この子、整形させます。胸いれて目ぱっちり二重にするんで単体おねがいします」そんな未来のあやふやな話に乗っかるようなお人好しでもない。とはいえ彼とてパーフェクトな人間ではなく、どういった経緯でその女優と専属契約をむすぶにいたったのかはしらないが、そのときひとり不良債権を抱えていた。

ぼくが視聴ブースでT監督からあずかった白完《しろかん》（モザイクが入っていない編集済みテープ※モザイクまで入ったそれは〈完《かん》パケ〉という。完全パッケージの略）をチェックしていたときのこと。この監督、ハメ撮りのさいコンドームなしでやっていた。

「まただよ、このおっさん」

ぼくはモニター画面にむかい毒づく。２０００年以前は撮影で生ハメもあったということだが（真偽のほどはわからない）、以降はゴム装着が基本となった。ただこのルール、明文化されているわけではないので、ごくまれに異業種からきた監督がハメ撮りのとき生でやろうとすることはあった。もしくはやってしまうことがあった。こういった場合はまあしょうがない。しかしなかには我慢できずゴムなしでやってしまう監督もいて、T監督は後者であった。そんなわけでうちの会社では〝出禁〟となった。ただぼくはこっそり使っていた。別れた奥さんへの養育費が払えないと泣きつかれたから。金と女と、あと仕事にもだらしないが悪い人ではない。

ちょうどそのとき携帯に電話がかかってきた。パソコンを見なければならない案件だったのでじぶんのデスクにもどってしばし話し、かれこれ20分ほどたったろうか、視聴ブースにもどると、なぜかぼくがいた席に相馬がすわりT監督のビデオを見ているではないか。しばらくして横に立っているぼくに気づくと、

「これTでしょ。なんで使ってんの。それに生だし。どうなってんの」と問いつめてくる。

どうなってるといわれても返すことばがない。

「これまずいんじゃね」

「いや、その、そうなんだけど、まあいろいろあって……加藤さんにはいわないで」ぼくは懇願した。

「いわないでだって。恩地さん、あんた、会社のガンだよ」と相馬は吐き捨てた。

なぜ年下の、それもじぶんより後輩である相馬からガン呼ばわりされるのか。それはこんな一件があったから。

バラエティ撮影の際、その他大勢の企画女優の1人が、ぼくのもろタイプだったので現場の空き時間に「きみ、いいねえ。べつの企画でおねがいしたいな。ふだんOL？　土日しか撮影

できない人？　……そうなんだ。平日もOKなんだ。販売関係？　……へえ、そうなんだ、風俗。どこ？　渋谷、新宿――」このような流れで風俗で働いていることを知り、だったら店に直接いったほうが手っとりばやいと、それから週一、いやもっとか、とにかく通いまくり、あるとき本番しようとして（未遂におわったのだが）、そのことを彼女は店はもちろん事務所にもチクったのである。ぼくは事務所に呼びだされた。

「うちのHをおたくの『デジタルモザイク』に出してほしいんだけど」事務所の社長はいう。『デジタル～』はM社の人気シリーズで有名単体女優しか出られないことになっている。Hは元単体でいまは半引退状態。なんでもうわさでは社長の愛人らしい。

「CさんやJさんなら」ぼくは答える。彼女らはその事務所の現役単体女優だ。

「いや、Hなんだよね。H」

「Cさんや――」

「H」

ぼくはHを『デジタル～』に出した。これだけメーカーがありリリース本数があれば、しれっと出せばバレないだろうとタカをくくっていたが、相馬はしっかりチェックしており、全体会議で「なんでいまさらHなんだ」と名指しで詰問された。相馬の容赦ない追いこみにぼくはゲロった。そこにいたるまでを細大漏らさず話すはめとなり、当然加藤からはこっぴどく叱られた。1カ月ほどまえの話である。

思わず出た「いわないで」はそういう事情からである。

「ほんと、なにやってんだか」

相馬はそう吐き捨て、視聴ブースを出ていった。

それから2日たち3日たち、加藤から呼ばれることもなく、ああ、いわずにおいてくれたんだ、と安堵していたら、ぼくのデスクに相馬がやってきた。

「恩地さん、この子どう?」手にもっていた1枚の宣材を見せてくる。

「どうって。相馬くんのメーカーの専属の子でしょ」

「そうなんだけど。タイプかタイプでないか」

相馬がなにを考えているのかわからず「タイプでないってこともないけれど、かといってタイプであるかというと」などとあいまいな返事をしていると、

「だったら撮って」とピシャリといわれた。

ぼくは所属はM社だが、相馬のメーカーで作品を担当することに問題はない。メーカー間の行き来は自由なのだ。

ようやく読めた。例のT監督の件、加藤にはだまっててやるから、かわりに彼女を撮ってく

れ、と。

「彼女、そろそろハード系に出そうかなと思ってるんだけど、おれってほら、そっち系よくわかんないから、恩地さんやったほうがいいと思って」

相馬のメーカー、その成績すべてが相馬自身の査定になるのではなく、そのなかにぼくが担当した作品があれば、その作品の成績はぼくに帰する。たとえば相馬がＳＭメーカーでなにかを担当したとしたらその作品の成績は相馬に計上される。うちの給料査定は作品売上のみで決まるということは前に書いた。

彼女と相馬のメーカーとの契約、その残り２本の担当はぼくとなった。なぜいきなり担当が代わったのか、なぜ急にハード路線に変更されたのか、くわしい事情はわからないにせよ、じぶんが厄介者に転じたことは彼女とて察しがつく。そんな状況で受け持つのははなはだ気が重かった。

これがきっかけとなり、各メーカーで持て余している女優が続々ぼくに持ちこまれるようになった。「やっぱハード系は恩地さんしか撮れないです」後輩プロデューサーたちがそういって頭をさげにくる。ヨイショにちがいないとも思うんだが、いや待てよ、本当にリスペクトの気持ちかもしれん、とつい話に乗ってしまい、だがやはりいいように利用されていたと、あとになって気づく、毎度毎度のパターンであった。

このころのたったひとつの楽しみはといえば大阪に遊びにいくこと。月2ペースでいってたろう。往復の新幹線代に宿泊費とばかにならない出費であったが、それでもせっせと通っていたのはひとえに浅見や水田とひとつ空間を共にしたかったから。

そんな生活がどれくらい続いただろう、あるとき彼らをまえに会社をやめようと思っていることを話した。腹を割って話せる業界関係者はこのふたりしかおらず、この日は1時間あまりぼくが一方的に話した。

「やめてどうすんすか」水田がきいてきた。

「まだそこまでは考えてないけど」

「風俗やったらなんぼでも紹介できるんですけど。でも、恩地さん、いまさらヘルスの店員なんていやでしょ」

水田のとなりにすわっている浅見はドリンクバーのすっぱいコーヒーを片手に、せわしなくタバコをふかしている。

「テッちゃん、あんた、どう思ってんねん。恩地さんになんかゆうたりや」さっきからだまっている浅見を叱りつけるよう水田がいう。

浅見はうーんとひと声うなり、ようやく話しはじめた。

「最終的に決めるのは恩地さんなんだけど、結論からいうとだね、メーカーやったらどうかと思うんだ。というよりやるべきだと。なんでこんなことをいうのか、それは――」

「ちょちょちょ、恩地さんがメーカーって」浅見にグンと顔を近づける水田。

「ちょっとあんた、だまってて」浅見は近すぎる水田からすこし離れ「いま会社では敗戦処理的な仕事をさせられている、と。頭のキレるやつ、めんどくさいやつ、声の大きいやつらに当たりくじがまわされ、おとなしいやつ、人のいいやつにははずれくじしか残されていない。これが日本の会社です。お人好しがベタ仕事をやるのはある意味、当然の帰結です。

恩地さん、会社の連中はあなたのことを取るに足らないやつだと考えている。会社カーストの下の下。眼中になし。いいですか、そんな連中ギャフンといわせようよ。バカヤロー、取るに足らんのはおまえらのほうだって。そりゃあ逆転満塁ホームラン打てればいいけど。ただ現実はむずかしいだろう。でもボテボテの内野安打なら……とりあえず塁に出ようよ。出ればきっと景色もかわるはず。そこで提案なんだけど、恩地さん、あなた監督やりなよ」

「監督⁉」

「そう監督。素質あるよ。べつにヨイショでいってるわけじゃなく。正直、プロデューサーはむいてないけど監督はむいてる。恩地さんを形成する外枠はまじめでお人好しなんだけど、コアな部分はエキセントリック。それは3年つきあってよくわかる。むしろぼくが監督よりもプロデューサーむきなんだよ。だからそのメーカーは恩地さんが監督でぼくがプロデューサー」

そして笑顔になり「べつに神輿《みこし》をかついでるわけじゃないから……いや、かついでるか。でもだいじょうぶ。落とさないから。ぼくだって、いまから人生リスタートしようとしてるわけで恩地さんポシャったら、ぼくもポシャるわけで。だから死んでも、あなたを落とすようなまねはしません」

めずらしくだまってきいていた水田がぼくのほうに身を乗り出し「恩地さん、やりましょうよ。やるべきですって。バチコーンいわしたりましょ」と興奮していい、こんどは浅見のほうをむき「なんやおもろなってきたわ。ほんで、テッちゃん、おれ、なにやったらええの」ときく。すでに話は決まったといわんばかりだ。

「そうですね、センセは、とりあえず汁男からスタートして」

「じゃ白ブリーフこうてきて――ってなんでやねん」

浅見以外の人間にいわれたとしてもまともにとりあわなかったろう。

ぼくが監督にむいている。ほんとうだろうか。浅見がいうからそうなのかもしれない。いや、むいてなくてもいいじゃないか。いまさらなにを失うというんだ。

それからは電話であったり、大阪に出むいたり、メーカーの骨子を決めていった。そして決まったのがこれだ。

①メーカー名／オンジプロジェクト
②リリース本数／月４本
【内訳　ぼく監督×１　浅見監督×１　その他監督×２】
③値段／３１５０円　※これは「最高（サイコー）」の語呂から
④コンセプト／童貞目線

最後の「童貞目線」はキャッチーだからこういうフレーズにした。

内容はこう。ぼく自身M気質だが、当時AVでM男ものといえばM男いじめが定番であり、それは小柄で色白のいかにもM男然とした男優が性格のキツそうな女優にビンタされたり、ツバはきかけられたり、電気アンマされたりと、女が男をいたぶるという構図がほとんどであった。こういうのが好きなMもいるんだろうが、ぼくはダメ。やさしくされたほうがいい。たとえばお姉さんタイプの女性にやさしくセックスの手ほどきを受けたりとか。そっち系のMなのだ。これを映像で表現しようというのが「童貞目線」である。

当時その手の作品はなかったはず。単発としてはあったのかもしれないが、メーカーまるごとそういうのを売りにしたところはなかった。ライバル不在。ほかにも勝算はあった。ユーザーのなかにはぼくとおなじ「手ほどきを受けたい」Mが一定数、それも少なくない数がいる、そうにらんでいた。

コンセプト決めは楽しくやれたが、ここからがたいへんだ。楠本のOKをもらわなければ始動できない。予行演習と称し、大阪にいったおり、浅見と水田をまえにメーカー設立のプレゼン、そのシミュレーションをしてみるのだが、相手がこのふたりだとすらすらことばも出てくる。ようは一部の人間限定の対人恐怖症であるぼくがどの程度恐怖をおさえられるかにかかっている。酒でも飲んでやればいいんだが、むろんそんなことはできない。

どう言おうこう言おう、ぐだぐだ考えながら1日また1日と日延べしていたが、らちがあかないので、思いきって加藤に「あたらしくメーカーを作りたいと思ってまして」と打ちあけると、日程調整してあとで連絡するといわれた。楠本同席で話を聞くことになるという。言いおわってしばらくしても、息が荒かった。

予定の日、時間ピッタリに楠本部屋のドアをノックする。ここにはいるのはキックバックのヒアリング以来2度めだ。すでにスタンバイしている楠本、加藤のふたりに、コンセプトやリリース本数など必要最低限だけを書いた用紙をわたした。

どのくらい時間がたったろう、楠本が「恩地さんも監督やんの」といった。むずかしい顔をしている。

うちの会社では監督をすることを禁止とまではいかないが、よしとはされていなかった。ふだんから楠本はよく「監督なんかやんなよ、プロデューサーとちがってツブシが利かないから」と口にしていた（最初のころは「それって逆じゃないの」と思っていた）。おそらくこういうことではないか。

プロデューサーはさまざまなタイプの人間とやり取りすることで人付き合いのバランス感覚をみがくことができ、そのような感覚が身につけば転職しても有利にはたらく。しかし監督は職人で、組織で生きるスキルなど身につかない。だが映像技術を身につければ映画やテレビに転職可能ではないか。が、それは無理。ＡＶとそれらは同じ映像でも別物、そこに互換性はない（ここでは理由は述べない。詳細はあとがきにて）。だからやるならプロデューサーを究めたほうがいい。楠本の真意はこういうことだろうとのちに解釈した。

そういった楠本の意向があり、うちの会社には本来的な意味での制作部はなかった。カメラ、照明、編集機などが社内に一式あり、社員監督、社員ＡＤがいる一般的な意味での制作部である。大半のＡＶメーカーは制作部をもち自社制作もしていたが、そういったわけでうちは自社制作ができなかった。

楠本のそのことばにどきりとしたが、それ以上つっこまれることなくスルーされた。

「で、何枚くらい出ると考えてる？」と楠本。

「そうですね。まあいま２０００枚が最低ですけど、余裕見て１５００枚くらいなら」

２００５年当時はどんな作品でも２０００枚は売れていた。かといって1万枚超えも出なくなり、４０００枚くらいが平均だったろうか。２００７年が業界の売上ピークといわれているが、それはリリース数が多かったからで、1本あたりの売上は２００２、3年のほうが高かった。

「３０００円で１５００枚か。卸しが4掛けの、いくらだ――」

楠本は暗算をはじめた。ぼくは持参した電卓で計算をはじめるも緊張でボタンを押しまちがえたり、ＡＣ押さずに打ちはじめたりでいっこうに計算できず、暗算の楠本に負けた。

「１タイトル１８０万。それの４本で、７２０か」と楠本。つづけて「予算いくら？」

「１本あたり女優費込みで２００万――」

楠本は即座に「それだと赤でしょ。トータル80万のマイナスだよ」

「あっ、だったら１５０万にして、それで30万のプラスで、掛ける4の、えーとえーと……」

「販促はどうすんの」楠本は話題をかえた。

「初月にＡ2サイズのポスターを作って全店舗にまいて、ビデオ誌の表3か表4（裏表紙の表・裏）に広告出して、翌月からはカラー1ページか１／2にして――」

「いくら？　ポスター1枚いくらで最低ロットは何枚で、３５００の全店舗かコア店のみ１２００か。広告にしても媒体ごとに値段ちがうでしょ」

「はい、そうですね。えーそれはちょっと調べておいてですね、えーとえーと」

気づくと会社の裏の公園、そこのベンチに腰かけていた。いつ楠本部屋を出たのか記憶がない。

きょう打ち合わせがあることを知っている大阪チームからさっそく電話がかかってきた。水田である。しばらく鳴らしたままにしたが、迷ったすえに出た。

「どうでした！」

「うん。まあまあ、というか」

「まあまあ？　で、ＯＫなんですか」

「いや、まだ」

「まだ？」

「いや、その、考えておくから、またあとできいてよ、ってことで」

考えておくといわれたのはほんとうだ。ノーを突きつけなかったのは楠本のやさしさなのか、それともショックで自殺でもされたらたまらんので一応そういっただけなのかはわからないが。

「あとってどのくらいあとなんですか？」

「そうだなあ、３日とか、いや1週間ってところか……とにかく動きがあったらすぐに連絡します」と一方的に電話をきった。そのあとなんども水田から電話があったが出なかった。

ぼくひとりだったら楠本に結果をたずねようともせず、このまま逃げていただろう。が、浅見や水田、ふたりのことを思うとそれはできない。結果などわかっているがちゃんと楠本の口からNGの旨をきき、それをふたりに伝えるのが今回の決着のつけ方だ。1カ月ほどではあったが楽しく充実した時間を過ごさせてくれたふたりには感謝している。

楠本が部屋にいるのを確認、自席にもどり「いまだ、いま行け」とじぶんを鼓舞、何度めかにようやくふんぎりをつけドアをノックした。楠本はパソコンから目をあげ、ぼくを見てきょとんとし、メーカーの件ですが、というとようやく思い出したように「ああ、そやそや、そうやった」といった。が、つぎのことばがなかなか出てこない。やっぱだめだよな、とあきらめかけたころ「いいよ。やっていいから。あとは加藤とつめて」とだけいい、すぐにまたパソコンに目をもどした。

2006年春リリースをめどにぼくのメーカーは始動することとなった。

まだ半年も先だが、たった半年ともいえる。編集を考慮すると逆算して3カ月しかなく、ということは3カ月以内に撮影しなければならない。

コンセプトである童貞目線を理解できる監督はいるのか。このあたりの心配はしていなかった。何人かじぶんのなかで候補はいた。いちばんの心配はぼくである。初監督なのにじぶんでカメラをまわし、ハメ撮りまでしなければならないのだ。カメラまわすことだけでもたいへんなのにハメ撮り。なぜそうまでハードルをあげるのか。それはどうしても撮りたい映像があったから。当時「実録出版」というメーカーが流行っていた。売りはテクニカルなハメ撮りであり、ぼくはこれにいたく心酔していたのだ。

なにがどうテクニカルなのか。ふつうのハメ撮りは監督の手持ちカメラ1台なのに対しここは3台もつかっていた。1台は手持ち、1台は三脚たての全体像。1台はミニ三脚での顔アップ、の計3台。これら3台を駆使して監督ひとりでハメ撮りをするのだ。

ようするに技術的にかなり高いことをしているのでテクニカルハメ撮り。だが撮りたいと撮れるはイコールではない。実録出版は工藤という人がメイン監督なのだが、これだけ人気があるわりにフォロワーがほぼいなかった。それはやってることの難易度が高いから。だいたいハメ撮りというと正常位がほとんどでたまにバックを少しいれるくらいだが、工藤監督は正常位以外にバック、騎乗位、背面騎乗位、側位などの体位を均等にいれていた。当然体位がえの際には三脚の位置を調整しなければならない。それを体位ごとにやるわけで、調節しながらもつねに勃起を維持しなければならず、これだけでも難易度高いのに、これらの編集が超大変。カメラ3台あるから単純に3倍かというと、さらにその2乗、9倍は時間がかかる。それらをやり遂げるにはよほどの覚悟がいる。だからフォロワーも少なかった。ぼくはこれに挑戦しようというのだ。近所の裏山すら登ったことのない男がいきなり富士山に挑もうとするようなもの。

だが決めたからにはやるしかない。その日から特訓がはじまった。

まず最初にセックスに慣れなければならない。そのときで両手両足で足りるほどの回数しか経験がなく、また素人童貞でもあった（そこから童貞目線というフレーズが浮かんだのであるが）。ぼくはひまさえあれば大衆ソープに通い、もちろんただセックスするだけでは意味がないので、挿入しているときはつねにカメラをもっているつもりでやり投げの選手みたく顔の斜め上に右手を上げ、フィニッシュはわざわざゴムをとって胸に出した。ほんとうは顔にかけたかったのだがことわられるのはわかっているので（顔射は屈辱というよりメイクを直さなければならず、それが面倒なので女性はいやがる）、胸や腹にかけた。彼女らにはいちいちハメ撮りの練習で、などとは説明しなかったので、きっと変わった客だと思ったことだろう。

自主練もした。カメラはもってなかったので代用として、中身のはいったビール缶2本を前後に連結した状態でガムテープでとめ、それを右手にもって頭上にかかげ、布団のうえ、その後方でオナニーする。イキそうになったらゴムを取り、女優がいると仮定して迂回しながら、まくら、そのうえに置いたエロ本のグラビアページに射精する。最初のころは宅配や引越し屋のチラシだったが、味気ないので途中からエロ本にした。

ところがひとつ問題があった。ぼくの精子はぼたぼた垂れる系で、工藤監督のようにテッポウウオのような勢いで発射させることができないのだ。しかも監督は1度の発射で3、4発と連射すら可能。これればかりは体質の問題である。が、すこしでも近づくため、亜鉛、あれが精子量をふやす効果があると知るとその錠剤（ドラッグストアに売っている）を日に何錠もの み、また牡蠣《かき》がいいときくとスーパーで加熱用のを買ってきて夏ではあったが鍋にしたりと、ちょっとでも下半身に効能があれば――精子が増えたり勃起力が増したり――まよわず試した。

つぎは女優選びである。

2005年当時はまだ自社サイトをもっているプロダクションは少なかった。AVメーカーのほとんどはサイトをもっており、風俗でもソープ、ヘルスはもちろん韓国エステのようなところでさえもっていた。

なぜ事務所は遅れていたのか。それはもつ必要がなかったから。宣伝のためだれもが見られることがサイトの必須条件だが、事務所の場合所属モデルの大半が身元を隠してやっている以上、だれもに見られてはこまるのだ。だからといって風俗みたいに顔隠して載せても、それではキャスティング担当者が選べず意味がない。そんなわけでサイトの普及は遅れていた。その後みずから応募してくる女性が増えたことで、ようやく事務所もサイトをもつようになった。2010年ころだろうか。

そんなわけで紙でのそれで女優チェックをしていたのだが、選定にあたりいくつかの条件があった。20代後半から30代前半のお姉さんキャラ。これは実際の年齢は関係なく、そう見えさえすればいい。あと背が高くスタイルがよくどちらかというと貧乳。いわゆるモデル体型である。貧乳より巨乳がいいのではないか。もちろんいつの時代もAV的にはそうなんだがこれはぼくの好みである。初月リリースが４本なので必要なのはとりあえず４人。

ぼくはいくつかの候補の宣材をたずさえ大阪にむかった。

新メーカーのため大阪チームは制作会社を立ちあげていた。会社といっても社長水田と社員浅見のふたりだけだが。そこの事務所――ワンルームマンションの一室――のテーブルのうえ、7、8枚の宣材をならべた。浅見と水田が食い入るように見る。

浅見はなかの1枚を手にとって「この子いいんじゃない」といった。

「うーん、彼女、次点なんですよね」ぼくはこたえる。

尾崎純という当時人気のある〈企画単体〉だった。

企画単体とは単体と企画のあいだに位置し、単体とちがい専属ではないのでいろいろなメーカーに出ることができる。ギャラは40から80万くらい。女優カーストでは単体より下だが、では単体よりも売上が劣るのか、というとそうでもなく、名のある単体と遜色ない子もいた。彼女は、その遜色ないパターンでいろいろなメーカーの、それもパケにピンで出るような売れっ子であった。むしろ企画単体は単体とちがって月イチ拘束がないぶんさまざまなメーカーに、それも月なん本も顔を出すことができ、そこらの単体より知名度が上の場合も多い。

ぼくは浅見に「彼女、面接したんですけど、実物もきれいだし、性格もいいし、勘もよさそうではあるんですが」というと、

「じゃあなにがダメなの」と浅見。

「身長がですね、ちょっと足りないんです。156しかなくて」ぼくとしては160はほしいところ。

「身長なんてこだわるとこかなあ。どっちでもいいじゃん」浅見は興味なさそうにいい「恩地さん、はじめてのじぶんメーカーで思いどおりにしたいのはわかるんだけど、あまりガチガチにしないほうがいいよ。ある程度幅をもたせておかないと、あとあとじぶんの首を絞めることになるから」

水田を見ると、

「おれもおんなじですわ。156がアカンゆうてましたけど、これがヘルスで160以上希望して156が来たら、テンションダダさがりやけど、映像やとそんなんわからんやないですか。なんやったらパッケージに160と書いたったらええんですし」

水田のいうとおりかも。少々意固地になりすぎているようだ。

「それと彼女、撮るなら恩地さんが監督したほうがいい」浅見がいう。「人気があって本数も

出ててベテランなんでしょ。いっちゃなんだが監督にかんして、あなた素人なんだから、最初はできる子でいったほうがいいって」

オンジプロジェクト（以下オンプロ）記念すべき初撮影まであと1週間というある日、デスクの内線が鳴った。「監督のFさんがおみえです」と受付嬢の声。1弾めの4人の監督のなかのひとりがこのFなのである。

ぼくはFのいるブースにいき、彼の姿を認めるや、

「あれ？　きょう約束してたっけ……いや、いいよいいよ。ちょっとでも疑問点があるんなら、直接会ってつめたほうがいい」とぼくはいう。

Fはさっと立ちあがり「すいません。じつは、今回の監督なかったことに」といった。

「……」

「ぼくのわがままです。ほんとすいません」

声が出ない。ようやく「なんで？」としぼり出す。

「その、ぼくには無理というか、その……」

Fは今回の監督陣のなかでもっとも期待している男であった。ぼくより10歳年下、おとなしく口数少なく、聡明で博識な映画青年。以前数回仕事をしたことがあり、そのとき奇抜なアイ

デアを次から次へと出してきて「こいつ勉強家だなあ」と感心したおぼえがある。今回の新メーカーをやるにあたりまっさきに頭に浮かんだのが彼であった。

「いいよ、正直にいって」

「プレッシャーが強すぎて。期待されてるものを撮り切る自信がないんです。仕事受けた以上100%の力を出そうと考えてきたんですが。すいません、やっぱできそうにないです」

「できそうにないって」

「すいません」

「M社でいっしょに仕事したときの感じでいいじゃん。なにができないの？　わかんねえよ」

「その……M社さんのときといまの恩地さん、ちがいます。重いんです。思いつめているのが伝わってくるというか、イライラが――」

「はあ？　プレッシャーかけちゃいけないの。重いのだめなの。そんなん当たり前じゃん。失敗できないんだって！　おれのメーカーなんだって！」

　おもわず大声が出てしまった。みながぼくを見ている。なかには立ちあがっているやつも。怒声がしたこと、その声の主がふだん目立たないぼくであったことに、みな一様におどろいているようであった。

いよいよじぶんの監督作があすにせまった。準備万端、とりいそぎやることはなく、あすの撮影シミュレーションでもしようかと考えていると昼すぎ、携帯が鳴った。浅見からだ。

ぼくの撮影の制作会社は水田のところである。といっても水田はなにもわからず浅見がすべて取り仕切ったのだが、撮影に使用するホテルがなぜか新横浜であった。なぜ定番である新宿KホテルやPホテルでないのか。ふしぎに思ってたずねるもすでにそれらは予約で埋まっていたと。日程はやめに出したのにめぼしいホテルどこも予約できないなんておかしいな、ともおもったが、それ以上はきかなかった。新横浜だとかなりはやく家を出発しなければならないが、当日移動できない距離でもない。

「こまったことがおきて」浅見がいう。「撮影がホテルにバレちゃって」

「バレる!?　どういうことですか」

「機材がフロントに見つかっちゃって。現物見られた以上、こっちも言い逃れできなくて」

「機材？　よくわかんないです」

大阪の機材レンタルから照明を借り、それを新横浜のホテルまで配送させたのだが、当然それらは一時的にフロントに預けられ、だが一目瞭然、剥き出し状態であったため、それでホテル責任者に呼ばれ、事情を話すはめになったという。機材搬入をホテル関係者に見られないよう配慮するなどホテル撮りの初歩の初歩、いったい何年業界にいるんですか、とどなりつけてやりたい衝動にかられたが、なんとかこらえた。

「それでいまどこにいるんですか」

「ホテルの玄関まえ。撮影できないんなら泊まってもしょうがないからキャンセルして出てきて、それからすぐ電話した次第です。照明は足もとにあります」

「で、どうするんですか。なにか考えあるんですか」

「……」

「いやマジで。あした撮影ですって」キレ気味でいう。

「ちょっとなんだアンタ」浅見もキレる。「こっちもこまってっから電話してるんじゃないか。やっぱむいてないわ、プロデューサー。こういうとき寄り添って考えるのが——」

怒りで浅見のことばがはいってこない。だいたいあんたがプロデューサーじゃないか。恩地さん作品にかんしては、わたしがプロデュースしますってじぶんから言い出したくせに。

「わかりました。また電話します」つとめて冷静にいい、電話をきった。

あてがないこともない。名古屋の風俗情報誌時代の同僚がいま、横浜で同じく風俗情報誌の編集をしており、彼にきけば撮影可能なラブホテルが見つかるかもしれない。できればシティホテルがいいがきょうのあすではむりだろう。ラブホテルで我慢するほかない。

なぜラブホテルは好ましくないのか。撮影ときくとボッタくってくるから。基本料金いくら、入室ひとりにつきウン万、延長1時間ウン万、タオル、備品使用料でプラスいくら、結果1日借りると10数万となり、ふつうのハウススタジオと変わらない値段になってしまう。

AV見てもロケ場所、シティホテルはいくらでもあるのにラブホテルが極端に少ないのはそういう理由からだ。もちろん許可をとって撮っているわけではないがシティホテルの場合、バレないように撮る方法はいくらでもある。しかしラブホテルは構造上、フロントを通らねばならず、監督と女優2人きりならともかくほかにスタッフがいる場合、撮影許可を申請しなければならない。

元同僚に事情を話すといくつかホテルを教えてくれた。片っぱしから電話すると川崎に1軒、あす撮影OKのホテルが見つかった。新横浜からだと近い。ネットで検索、部屋を確認するも広いか狭いか画像からだとわからない。そもそもどの部屋を割り当てられるかもわからないのだ。いまさらああだこうだ悩んでもしょうがない。

すぐに浅見に電話、ホテルの電話番号を教え、あとはむこうとつめてくれといって電話をきった。夜の8時を過ぎていた。

朝7時半、JR川崎駅改札を出たところ、すでに女優の尾崎はまっていた。彼女ひとり。単体にはマネージャーが終日つくが企画、企画単体には基本つかず、朝、女優をスタジオまで連れてきてそのまま帰る。業界用語で〝いれこみ〟という。が尾崎の場合、そのいれこみすらない。ここまでひとりできたのだろう。ベテランの、それもまじめな子の場合このパターンもある。ぼくは彼女といっしょにホテルへとむかった。

ホテルにつくとすでに浅見はおり、テーブルのうえに朝マックが人数分置いてあった。きょうは浅見が照明およびＡＤである。音声はいない。ＡＶ撮影からＶＥ（ビデオエンジニア）はとっくに姿を消し、このころには音声もいなくなった（ドラマものは別）。カメラの性能があがったからだろう。よってきょうはぼく、浅見、男優、それにメイクと女優の５人しかいない。マックを食べ、尾崎とメイクは別室に消える。撮影部屋とはべつにメイクルームとしてもうひと部屋借りてあるそう。

部屋の隅で照明をセッティングしていた浅見であったが、スイッチをいじるカチャカチャ音が連続して聞こえ、つぎに舌打ちと「あれ～」「どうなってんだぁ」などのひとり言が流れてきた。

いやな予感をおぼえつつ「どうかしたんですか」とぼくはきく。

「う～ん、ちょっと調子がわるくて」

借りた照明２脚のうちの１つが点灯しないらしい。

浅見は機材レンタル店になんども電話するもつながらない。まだ８時すぎ。９時にならないとつかまらないだろう。だが、仮に連絡がついたところで大阪と新横浜ではどうしようもない。むこうのスタッフがこれないんだから。原因がわかり、それが電球切れとしても業務用なので川崎あたりで手にはいるはずもなく、配線関係であっても、むこうから電話で指示をうけたところで専門外の浅見には直せないだろう。そもそもペンチやコテ、ドライバーなどの工具もない。なぜ大阪で借りてわざわざ横浜まで運ばせたのか。東京にいくらでも、いや横浜にだって機材レンタル屋くらいあるだろうに。だいたい制作費をふんだんにわたしてあるのになんで浅見は専門の照明マンを雇わないんだ。いや、そもそもぼくが浅見に制作仕切りをまかせたのがまちがいなんだろう。他の制作会社に発注し、専門スタッフを揃え、浅見にはプロデュース料だけ払って、外部プロデューサーとして参加させればよかったんだ。

2日つづけての、それもふせげたはずのトラブル。おさえようにもイライラが止まらず、小言のひとつふたつ言いそうなので、いったん部屋の外に出た。

これが2日撮りなら、あす巻き返すこともできようが1日撮りなのだ。このころのAVはA級単体以外1日撮りがメインであった。撮影のフォーマット化が進み、2時間ものなら1日あれば余裕で撮れるようになったから。

けっきょく照明は1脚でいくことにした。その部屋はラブホテルなのになぜか窓があり（西側ではあったが）、太陽光がはいるのだ。陽のあるうちに撮れるだけ撮ろうということになった。

「女性の肌というのはむしろ太陽光のほうがきれいに映るものだし」じぶんのミスを棚に上げ浅見はいう。

出会ったころ、多摩川の河川敷でもたしかそんなことをいっていた。多摩川ではすなおに感心したが、いまはそれを聞いてイライラが一層募った。

うまくいっているかどうかわからない。とにかく必死で現場をまわし、そして最後のカラミとなった。ぼくのハメ撮りだ。通常2時間ものの場合3回か少なくとも2回はカラミがあるが、ぼくはあえて1回にしようと思っていた。あくまで個人的意見だが、3回あっても3回の差異がわからないのだ。どれも同じようなカラミにみえてしまう。だったら入魂の1回、それをながめに収録すればいいのではないか。メーカーを立ちあげたときやってみようと思ったことのひとつが、この〈入魂カラミ〉であった。

2時間、いや3時間ちかくかかってようやくおわった。なんとか最後までいけ、それなりの形のものが撮れたのは尾崎の存在によるところが大きい。

童貞目線のコンセプトを説明し、じぶんはハメ撮りがきょうがはじめてで、こういうことをやりたいんだけどうまくいくかどうか自信がない、など腹を割って話すと、彼女のほうからいろいろと提案してくれた。

「ラストの発射なんですが、騎乗位でイク直前、わたしがゴムを取って、おちんちんに顔を近づけます。わたしのほうでうまく角度調節しますので、それで顔射ってのはどうですか？」

「それいいかも。ただ、ぼく、精子があんま飛ばないんだよね。あお向けで寝た状態だと、下に垂れちゃうんじゃないかなあ」

「だったら発射の瞬間、顔寄せますか？　あっ、それだとモザイクで隠れちゃいますね。だったら、えーと、あっ、そうだ、こうしません――」

体位の順番、体位チェンジのタイミング、ラストの発射処理まで、なにからなにまで彼女主導であった。ぼくはアソコを勃起させて彼女に従っているだけであったが、まさにそれこそが童貞目線であった。


保険のため男優をメイクルームに待機させていた。勃起しない、暴発してしまったなど、ぼくがうまくいかなかった場合を想定して呼んでいたのだ。が、なんとかやり通せたので彼の出番はなくなった。

浅見は彼に出番がなくなった事情を話し、精算をはじめた。ギャラは全額。これはいい。こちらの都合なんだから。が、つぎに気になるやり取りをはじめた。

「浅見さん、これ、新幹線の切符、いらないんでかえします」

「あっそう。でももったいないから、帰りは新横までいって、新幹線使えば」

「いや、いいっすよ。かえします。換金できるんじゃないんですか」

どうやら新横浜のホテルに決まった際、東京↕新横浜間の新幹線の往復チケットを買って男優あてに郵送したらしい。新横浜まで片道3000円だから6000円だ。東横線つかえば渋谷↓菊名（新横浜の最寄り駅）で250円くらいのもの。男優がどこに住んでいるかしらないが、所要時間だってむしろ東横線のほうが短いくらいだろう。なんでわざわざ高い金出して新幹線なのか。男優が帰ってから浅見に、

「なんで新幹線なんですか。東横線でよくないですか」ときいた。

こちらがとげとげしい口調だったからだろう、浅見もキレ気味に、

「おもてなしじゃないですか。おもてなし。だいたいメーカーの人間は女優にはちやほやするくせ、男優やスタッフは虫けらのようにあつかうだろ。あれがゆるせないんだ。現場の人間はみな等しく平等であるべきだ」と応戦する。

「おもてなしはいいです、おもてなしは。だけど優先順位がちがうでしょ」

「優先順位？　アンタ、なにがいいたいんだ」

「だから優先順位ですって。制作としての」

「はっきりいっちまいなよ。えっ！　文句あんだろ」

「そこに気をまわすならほかにまわすとこあるだろ、って話。ホテルといい照明といい。だいたいあんなはやくスケジュール出したのに、なんで都内のホテルがとれないんですか」

急所を突かれたからか浅見は反論ができず、顔を真っ赤に染め、あごと口をワナワナさせている。

撮影終わりはお疲れさまの一杯があり、とくに浅見とはかならずそうしていたが、きょうはさすがにそんな気にはなれず、撤収作業をしている浅見を残し、さっさとホテルをあとにした。

すぐにでも編集にとりかかりたかったのだが、まだ自宅に編集機が届いてなかった。年明け7日になるという。いままではごくたまに、それも簡単な編集しかやらなかったので張川の会社のそれを使わせてもらっていたが、これからは毎月必要になるのでじぶんで持ってたほうがいいだろうと。が、受注生産らしく、そこそこ待たされることとなった。購入の際、編集機専門店にいったのだが、店員から店オリジナルの編集機をすすめられ、それに従ったのだ。パソコン本体、モニター、スピーカー、カセットデッキ、編集ソフト、しめて70数万。自腹。

年末ギリギリまでは張川の事務所のそれを使わせてもらうとして正月は張川も休みたいだろう。まだ締切まで多少時間はあったとはいえ、なにぶんはじめてのことなのではやめに進行したく、ぼくとしてはできれば正月も編集をやりたい。加藤に相談したら、うちのモザイク工場にある編集機を貸してもらったらどう、ということであった。うちはモザイク入れを外注に出すのではなく自社で入れており、そのための工場を北陸の某県に持っていた。在庫の倉庫も兼ねており、東京ドーム5個分の広さがあった。

張川のところで途中まで仕上げた編集、そのテープをもって、暮れの30日、新幹線と在来線をつかい6時間かけて工場についた。が、ここにいくつか計算ミスがあった。田舎とはきいていたが想像を絶する田舎なのである。ちかくにコンビニがない。もっとも近いところでも車で10分。とても歩ける距離ではない。また温泉で有名な土地なので銭湯、それも温泉の出る銭湯とかあったらいいな、などと考えていたのに銭湯、ましてや温泉の出る銭湯など夢のまた夢。しょうがない風呂はがまんだ。しかし食べる方はがまんできない。31日――工場は大晦日まで操業――、工場の人に車に乗せてもらってコンビニにいき、3日分の食料を買いこんできた。これで元日から3日までの分をやりくりしなければならない。つぎに工場の人たちが出社してくるのは4日である。

世間は元旦だが、ぼくは無人の工場でひとりぽつんと編集をする。工場の休憩室、そこには給湯器と飲み物の自販機と、あとなぜか菓子パンの自販機もあった。カップメンやカップうどんの自販機もあればいうことないんだが、工場勤務の人たちは残業などしないからそっち系は必要ないんだろう。

が、またも問題発生。コンビニで買ってきた食料が少なかったようで2日の夜に尽きてしまった。翌日は終日、自販機の菓子パンで過ごさなければならない。「3食、菓子パンはやだなあ」と思ったが、しかたがない。が、3日の朝、自販機に小銭をいれるもパンが出てこない。なんと売り切れ。正月休みにはいるからと補充しなかったんだろう。くそっ、これで1日なにも食べずに過ごさなければならない。しかし、あまりの空腹に編集などできず、気分転換に散歩に出ると、畑のすみに廃棄された白菜が積み上げられており、一個失敬して、と考えがよぎったが、さすがにそれはできなかった。いっそ工場の人にSOSの電話でもしようかとおもったが正月休みにそれはもうしわけない。よし、がまんだ。減量中のボクサーにくらべればたいしたことない、かれらは水分すらとれないが、ぼくは飲み物ならいくらでも飲めるんだから、と言いきかせてはみたものの、空腹にジュースなどなんの足しにもならなかった。

けっきょく3日は空腹で集中力なく、編集はすこしも進まず、4日、出社してきた人にわけを話し、朝イチコンビニに連れていってもらった。

予定では4日に帰京、5、6と張川のところでやるつもりだったが、このままここでやってしまおうとおもい、工場のチーフにかけ合うとどうぞ好きなだけ使ってくれとのこと。この工場ふだん客人などなく、だから応接室もなく、4日間床にダンボールを重ねて敷き、その上に寝袋をおいて寝ていたのだが、4日5日の夜もそのスタイルで過ごした。明け方まで編集しているので、工場の人たち（男だけでなくおばちゃんも若い女子もいる）が出社してきてもまだ床で寝ており、正月返上で働かされ、夜は寝袋なんて、東京本社はブラックなところだと、工場ではしばらくそんなうわさが立っていたという。

監督専任だったらそれでもいいが、メーカーの長なので編集にかかりっきりになっているわけにもいかない。メーカー業務とは自転車に乗るようなもので、一度動き出したら、つねにペダルをこぎ続けないといけないのだ。2弾めの女優の選定およびスケジュール確認、監督面接のブッキング、あがってくる白完のチェックに、パケ用写真の画撮《がさつ》（本編から静止画を抜くこと。キャプチャーともいう）、やるべきことが次から次へとやってきた。

会社員ではあるので毎日出社はしていたが夕方で帰ったり、夕方から出て2、3時間で帰ったりとあくまで編集中心のスケジュールで動いていた。が、ある日のこと。会社のデスクにすわっていると、オンプロの男の広報であるK（彼はほかのメーカーの広報も兼任していた。基本は1メーカー1広報だが小さなメーカーの場合兼任）から、

「恩地さん、基本は会社にいてくださいよ」といわれた。

「会社に？　なんで？」

「なんでっていわれても、アレですけど。一応はメーカーの責任者なんですから、会社にいて

どっしり構えていてくれないと示しがつかないんです」

「示し？　だれになんの示しよ」

「ぼくらは毎日定時に出社してきちんと仕事してるのに、好きな時間に来たり帰ったりされると若手広報がかんちがいするんです。この会社は長くいると好き勝手できるんだって」

デスクではスナック菓子たべながら駄話、1時間に1回ビル外へ連れタバコ、いくと15分はもどってこない。きちんと仕事してるが聞いてあきれる。こっちだって好きで会社にいないわけではない、おまえの3倍は仕事してるんだ、そう内心毒づいたが、反論はしなかった。Kの文句に納得はできなかったが、彼をふくめぼくの日常に不満をもっているやつがいるらしいことは理解、尊重すべく翌日から昼すぎには出社、夜の7時8時まではいるようにした。そして帰って朝まで編集、4時間ほど寝るというルーチン。ある日編集疲れでぼんやりした頭でパソコンを打っていると、Kの声が聞こえてきた。

――有給申請とおった……うん、そうそう……ディズニーランド！　彼女がね……ハッハッハッ、そうそう、来週一週間休むんで……たのむってぇ～、ランチおごるし……。

キーボードを打つ指におもわず力がはいる。

第八章　挫折からの迷走

3月25日。第1弾の発売日。

うーん、こんなもんかあ。

これが売上結果を見た最初の感想。想定していた範囲、その下限といったところか。ぼくの作品がもっとも売れていた。尾崎純という鉄板女優の力もあったのだろうが、それ以上にオンジプロジェクトというメーカー名だからとりあえず恩地監督名義のものを買っておこうというユーザー心理もはたらいたか。

が、翌月の2弾めがやばかった。3弾はもっとやばかった。うちの売上予想システムによると4本中1本が800枚強。残り2本が1000枚を上回る程度。もっともいいので2000枚。業界は2002、3年をピークに1年ごとに売上（1本あたり）をさげており、ここ最近は下げ率に加速がつき、2006年夏の時点で、1000枚を切る作品がちらほらでてきた。が、あくまでちらほら。おみくじで凶が出るくらいの確率であるから、800枚1本1000枚2本がどのくらい悪いかわかるだろう。このころの業界平均で、1タイトルあたり2000枚強といったところか。

さっそく大阪チームとの会談がもたれた。

浅見と水田は「童貞目線」をもうすこし続けるべきだといい、ぼくはといえば正直まよっていた。２カ月めでガク、３カ月めでガクガクと売上はおちており、この落ち幅は童貞目線の失敗を意味するもの。大手動画配信サイトへのコメントでも、童貞目線へは辛口評価がほとんどで肯定的意見はゼロ。この日は答えは出ず、けっきょくもうすこし様子を見てみようということで話はまとまったが、その際、浅見からもういちど尾崎で撮ったらどうだと提案された。

それにたいしぼくは、

「もちろん考えてますが、すこしはやすぎるんじゃないかと。だっていま撮ると１弾めから半年しか間をおかないわけでちょっと間隔短すぎじゃないか、という気がして」とこたえると、

「短くたっていいじゃない。だいたい毎日、それも大量にＡＶがリリースされてんだぜ。尾崎だって人気嬢で、いろんなメーカーから月になん本も出てるわけで、オンプロで半年まえに出てたことなんて、だーれもおぼえちゃいないって」

そんなわけで尾崎の２本めを撮ることとなった。今回は新宿のＫホテル、しかも２日撮り。前回の失態をもうしわけなく思ったのか、浅見のほうから「今回、２日撮りにしませんか。制作費前回と同じでいいんで」ともちかけてきたのだ。だが女優費の問題もあった。企画や企画単体は１日いくらであり、２日だと通常は倍のギャラを払うことになる。が、彼女、Ｋ連合系の事務所であり、Ｋ連合はそういうところはとても融通がきく連中であったから、２日撮影の

件を話すと「恩地さんだったら、多少色つけてくれればいいっすよ」とあっさりしたものであった。

2日撮りということでエロシーンは十分すぎるほど撮れた。ぼくのハメ撮りのほかに男優つかっての2カラミ、計3回。当初のお約束である1作品1カラミはあまりに評判が悪く、このころには最低2回、できれば3回はいれるようにしていた。

撮影終了後、お疲れさまの飲み会には尾崎も参加した。浅見がさそったのだ。浅見自身の現場ふくめて女優をさそうのはぼくの知るかぎり今回がはじめてではなかろうか。ホテルちかくの居酒屋にぼく、浅見、尾崎、そして水田もきた。水田は最近ではヘルスのほうはベテラン店員にまかせ、AV制作にもかなり比重をおくようになっていた。とくにパケデザインは水田の会社に一任するようになっていた。かれはヘルス以外にも風俗専門の広告代理店をやっており、デザインはお手の物だったのだ。

終電で尾崎は帰らせ、残り3人で引き続き飲んでいた。

突然浅見が「恩地さん、尾崎どう思う?」ときいてきた。

質問の意味がわからなかったので、こたえないでいると、

「好きか、それほどでもないか、そういう意味で」

「いや、まあ。きれいな女性だし、仕事の勘もいいので――」

「答えになってないよ。好意のありかなしかで」

「いや、なしということはなく、でも――」

「尾崎、恩地さんのこと好きですよ」

「まさか」

「あなたも鈍い人だね。ほんと人の気持ちとか、くみ取れないんだから」

「でも、好きになる理由が――」

「理由なんかいらないっしょ。彼女見てればわかります。とにかくそんな気がしたから、こうやって彼女をさそったんじゃないですか。ぼくが女優を呼ぶなんてめずらしいでしょ」

そして水田のほうをむき、

「センセ、あれをわたしてください。あれです、例のあれ」とニヤニヤしていった。

水田はスーツのポケットから名刺を取り出すと、それをテーブル、ぼくの目の前においた。

が、それは水田の名刺である。

「恩地さん、裏です、裏」こちらもニヤニヤ顔の水田。

いわれたとおり裏返すとそこには、女性の字で携帯のメールアドレスが書かれてあった。

「尾崎のメアドです」水田がキリッという。

浅見がひきとって、

「世の中にはどれだけ努力しようと振りむいてくれない種類の女がいて、そういう女ほど好きになる男がいて、恩地さんは、まさにそれなんだけど、まったく〈童貞目線〉を地でいく人ですが、たまにはちゃんとした恋愛しないとこの世に生をうけた意味がないじゃない。ともあれ確認ずみです、彼女の気持ちとか。恩地さんのために教えてくれないかといったらすぐにそこに書いてくれました。いやなら教えないでしょ。ねっ、連絡してあげてください。ちかぢか恩地さんから連絡いくからって、彼女にも約束しちゃってるし」

「いやいや、そんな……それにうちの会社は女優との――」

「まだいってるよ。あのさ、男で30すぎてクソまじめなやつははた迷惑なだけだって大島渚がいってたけど、だったら40にもなってクソまじめなのはもはや害悪だよ。たとえばルールやぶって彼女と付き合ったとする。会社はどんな損害をこうむる。逆にルールまもったとしてどんな利益がある。でしょ？　そのアドレスに連絡しなきゃ彼女はかなしみ、連絡があればうれしい。会社のルールか彼女の気持ちか。もっと他人に誠実になりなよ。いや、そのまえに自分自身の人生に誠実にならなきゃ」

手はじめにメールで連絡を取り合い、1カ月ほどたったころ渋谷でデートした。そこからまた数週間たって2回めのデート、その日は食事のあと自然な流れでホテルにいった。お金がからまないそれは生まれてはじめてであった。

「恩地さんってすごい一生懸命じゃないですか」ベッドのなかで尾崎はいう。「いろんなメーカーのプロデューサーさんに会うけどだれともちがうし、いろんな監督にも会うけどそういう人たちともちがう。だれにも似てない。恩地さん、現場にはいっちゃうとあまり人に気を遣わないじゃないですか。ごめんなさい、こんな言い方しちゃって」

「いや、いいよ。ほんとはもっと気を遣わなきゃいけないんだろうけど」

「なんで？　いいと思う。あたしらを女優女優あつかう監督さんとか多いけど、あたし、恩地さんみたいな、やりたいことがはっきりしてて、それを女優に意地でもやらせようとする人のほうが好き。まわりが見えなくなっちゃうというか不器用というか。ごめんなさい、さっきからひどいことといってるね」

そして彼女は上に乗り、ふたたび求めてきた。

いつもぼくのほうから電話していた。むこうからかけてきたことは一度としてない。そういうところでは古風なタイプであったか。まだ付き合っていないから彼女からはしづらかったのだろう。きっとむこうは付き合おうということばをまってただろうし、ストレートでないにせよ、それらしい言質はほしかったんだと思う。

キックバックというのはこの業界の宿痾《しゅくあ》のようだ。数年まえに粛清があり、以後、全体会議や新人講習で加藤がしつこいくらいキックバック禁止を言いわたすにもかかわらず、定期的にそれらが流行する。今回もHグループ（うちの本社名。大元の会社）のだれかがキックバックしているといううわさが立ち、楠本と加藤のヒアリングがはじまった。前回同様今回も、周辺にまでおよぶ徹底的なそれであったが、今回は一部だけであった。広報あわせた全制作で100人近くいるので時間的にむりだったのだろう。

つぎの全体会議でのこと。最初のあいさつで「TとS、まえにでて」と加藤はいった。呼ばれたふたりは力なくまえに出た。

最初にTが、

「P制作の社長にマウンテンバイクをもらいました。会社の看板に泥をぬり、みんなに迷惑をかけました。二度としません。この度は本当にもうしわけありませんでした」と震える声でいい、深々と頭をさげた。もう1人のSは撮影で使った衣装をじぶんの嫁になんどか持って帰ったことがあったとのこと。ふたりは3カ月無給という処分となった。

「Hは解雇しました」ふたりをさがらせてから加藤がいう。「毎回現場でハメ撮りし、かつそれを本編で一度も使ってないことから、個人的な欲求をみたすためだけと判断し、くび。以上」

ヒアリングは一段落したといううわさであった。ぼくはほっと胸をなでおろした。

が、それから数日もしない、ある晩のこと。飲んで帰りそろそろ寝ようとしていると電話が鳴った。深夜1時すぎ。着信を見ると楠本。心臓が縮みあがるとはこのことだ。おそらくヒアリングだろう。だがなんでこんな夜中に。なにかぼくにかんして決定的なものをつかんだのか。それともたまたまこの時間。思惑が錯綜する。出ない選択もあったが、またかかってくるだろう次の電話まで憂鬱な時間をすごすのもつらいので、ええいままよと出た。

「○○制作のGくん、知ってるよな。最近仕事してる？」あいさつ抜きで楠本がいう。

「いいえ。半年ほどしてないです」

「半年まえまではしてた。じゃいまはなんでしてない」

なんでといわれても。理由はないのでこたえられずにいると、

「いや、だったらいい」楠本は電話をきった。時間にして1分。

じつは半年ほどまえGの編集を手伝ったことがあり、そのときのお礼として10万もらったことがあった。

すぐに尾崎とのメールを削除し、登録名も本名でしていたが、大事をとってイニシャルに変更した。が、翌日思いなおし、登録自体、削除した。

それから1カ月ほどたったある晩、夜中に尿意をもよおし目覚めると枕元で携帯のライトが点滅していた。着信があったようだ。3時14分。090-××××。ぼくは眠りが浅いほうな

ので寝ていようが電話が鳴ればすぐに気がつく。おそらく相手は1コールだけで切ったのだろう。

全員出席の定例会議とはべつにメーカーを持つプロデューサーらだけを集めた会議が月イチであった。楠本がMCであったことから〈楠本会議〉と呼ばれていたそれは、毎回夜の9時にはじまり、終わるのは翌朝の6時7時、遅いと昼の12時ころまで。各メーカーのチーフがその月の売上を発表、自己分析し、その後楠本と意見交換するのが会議の基本スタイルであった。

もはや出せば売れるものではなくなったAV、以前には考えられなかった1000枚未満の作品も散見されるにおよんで、楠本は将来におおいに不安を抱いたのだろう、仕事にかんして総じてきびしい人ではあったが、この会議での楠本はまさに鬼か虎であった。甘い考えのやつは徹底的に糾弾され、なかには追い込まれて鬱を発症、会社にこれなくなったやつもいた。

「凌辱のりょうはこざとへんの〈陵〉ではなく、にすいの〈凌〉にしたことが売れた原因かと」

「根拠は」ピシャリ楠本。

「過去のうちの作品のなかから、凌辱のりょうの字、こざとへんとにすいを洗い出して、検討した結果、にすいのほうが平均で300枚以上売れていました」

「漢字だけか。フォントはどうや。配置や大きさもあるやろ。点で考えるな、線で見ろ」

または、

「パケのレタッチが甘かったかな、と。腰のくびれと顔のシワだけじゃなく、あごのラインもシャープにすればよかったかな、と」そんな意見にたいして、

「ラインをシャープ？　具体的にいえ」

「はい。削ります」

「削ってどうや」

「え？　……あの、シュッとした顔と巨乳のギャップが――」

「根拠は」

「いや、その」

「分析やぞ、分析。データと分析。直感とか気配とか、そんなん当たるの1回だけ。ビギナーズラックや。ええか数字やぞ、数字。仕事とは数字と心中することや」

楠本はだれにたいしても追及の手をゆるめなかった。売れているメーカーでさえはげしくつめられ、売れていないメーカーはいうまでもなかった。仕事で追い込まれて自殺にいたる、たまにそんなニュースを見るが、この会議に出席するとそのことがよく理解できた。

「恩地さん、2カ月め、ガクンと数字落ちてるけど、なんで」楠本はいう。

「はい。女優のレベルかと」

「3カ月め、もっと落ちてるけど」

「はい。女優のレベルかと」

「レベル、レベルって、なんか手は打ってるの?」

「はい。事務所と密に連絡をとって売れそうな子がいたらすぐにもってきてくれと」

「オンプロにもってくることに事務所側のメリットってあんの。ふつう売れそうな子おったら単体メーカーにもってくやろ。他メーカーの売上見て売れてる女優撮るんじゃあかんの」

「ええ、数字をもってても童貞目線的なそれに合わないと」

「合う合わんってそれ恩地さんの主観でしょ。売れる売れんにはすべて理由があり、それを数字で説明できへんプロデューサーなんかクソ以下やから」

「数字数字数字やから。感性や感覚、そんなもんクソの足しにもならへん」

が、翌月から楠本の追及はきびしくなるどころか、むしろソフトになり、コメントも減っていった。


ここのところ浅見の編集が粗い。大阪から宅配で届けられた白完をチェックしていたときのこと、あきらかに切り忘れという箇所があり、浅見に電話した。

「1時間10分すぎのフェラなんですが、20秒くらいおかしな部分があって、これって切り忘れですよね」

「1時間10分？　フェラ？　どこだろう」

「だからフェラです。10分すぎのところ、ローション垂らして――」

「ローション？　10分すぎって、そんな分数いわれてもこまるって。いまパソコンのまえじゃないし」

うすうす感づいてはいたが、やはりであった。

オンプロをはじめるにあたって、浅見からいわれた編集の心得があった。

「恩地さん、編集するとき素材は何回見ます？」

「1、2回ですか。パパーッと見て、それからカットはじめます」

「みんなそういうやり方してるけどまちがいです。いいですか、編集の正しいやり方は素材をい、い、い、見たおすこと。一度通しで見るじゃない。で、また見る。もう一回見る。それからもう一度。とにかくいやになるくらい、見て見て見て見て見たおす。それからようやく編集をはじめる？まだちがう。もういちど見る」

ようするに編集のよしあしは素材をどれだけチェックしたかにかかっていると。

ぼくはその教えを忠実にまもっていた。いそがしいときはつい素材チェックをすっとばしたい欲求に駆られるが、その作品が売れなかったとき後悔するので、じぶんを律していた――べストを尽くしたんだと納得できていれば売れなかったときの後悔も最小におさえられる――。おもしろいことにこの浅見式で編集した場合、パソコンが目の前になくとも、たとえ分単位で指定されようと、どのシーンか記憶を呼び戻すことが可能なのだ。そう、浅見はじぶんでは素材をさほどチェックしていなかったのだ。

ほかにも水田の過剰なまでのレタッチも許容できなくなっていた。たしかにこの当時多くのメーカーがパケ写にレタッチを施していたし、またそのどれもが最新テクだから使わにゃ損とばかり、顔やボディを過剰にいじっていた。だからオンプロが他同様そうしたところでなんの問題もないわけだが、個人的には過度のレタッチは反対であった。あるパケでぽっちゃり女優の腹をアスリートのようにしてきたことがあり、これはやりすぎだと水田に文句をいったことがある。

これらのことから、もういちど初心にもどるべく、ちかぢか大阪チームと膝をつめて話し合わなくては、場合によってはいままでのべったりした関係から、プロデューサーと一制作会社というフラットな関係にもどすのもやむなし、そう考えていた。

が、三下り半を突きつけられたのはぼくのほうであり、関係の見直しどころか、その解消までをも言いわたされたのであった。オンプロがはじまってしばらくしてアシスタントとして新人プロデューサーがぼくについたのだが、彼と大阪チームが組んで新しいメーカーをはじめるという。新人がチーフプロデューサー、大阪チームが主要制作会社。これからはそっちがいそがしくなるからもうオンプロの仕事はできないということであった。

その話を水田と新人から聞かされたのであるが、最初は予定の話だろうと思っていた。というのも楠本や加藤が入社して1年足らずの新人にメーカーを任すとはとても思えなかったから。が、すでに楠本からOKをもらい、撮影も開始しているというではないか。ということはぼくの知らないところで、というか悟られないよう新人と大阪チームは新メーカー設立に動いていたわけだ。だからそっちの編集も抱えていたのだろう、浅見の編集の粗い理由もそこにあった。

このようにして浅見と水田との関係はあっけなく終わった。

すでに童貞目線は影も形もなく、そうなるとじぶんで監督することにも意義を見い出せず、徐々に監督作は減り、やがて消滅した。

ではこのころなにをやっていたのか。そのときの流行りものに見さかいなく手を出していた。ザーメンものが流行ればザーメン（ザーメンとは精子のドイツ語。〝ゴックン〟や〝ぶっかけ〟以外にも〝食《しょく》ザー〟というのがあり、これは精子をかけられた食べ物〈コーヒーゼリーなど〉を食すこと。それらを総称してザーメン）。主観淫語が流行ればそれ。旬の企画単体がいれば強引にスケジュールを空けてもらう。売れっ子パケカメラマンには菓子折りもって日参。

実力派デザイナーを金にあかせて招聘。売るためならなんでもやった。また撮影スタイルも当時の主流にしたがいパケメインにシフト。パケ2、3時間で撮り終え、そこから本編? そういう現場もあるにはあったが、多くはパケがメインで本編はおまけであった。素人系単体で有名な新興メーカーのRなど朝から夕方までパケ、残りの3、4時間で本編というスタイルであり、もはや主従が逆転していた。AVはパケが9割、中身1割と公言するプロデューサーもおり、いや公言せずともみな内心ではそう思っていたのだろう。結果生み出されるのは原型をとどめていないパケ写にしょぼい中身。だがこんなのリリースしていては客離れが起きるのではないか。が、彼らはこういった。「のど元過ぎれば、ですよ。ユーザーなんて、ひと月後、つぎの新作が出るころにはカスつかまされたことなんて忘れてますって」

が、かなしいかなそのとおりであった。詐欺まがいのプロデューサーのメーカーほど売れていた。のど元過ぎれば、なのだ。

このころぼくもこの考えに完全に毒されていた。売れるためならなんだってやったし、ユーザーをだますことなど屁とも思ってなかった。売ってこそ「正義」なのである。

ところがこれだけやっても結果はかんばしくなかった。

流行りものゆえ多くのメーカーが追随し、そのなかでオンプロは埋もれてしまったのだろう。それもある。ただそれは表面的な理由だ。そもそもそれらを作りながら、ぼく自身こんなAV

すこしもいいと思っておらず、監督やデザイナー、マネージャーらとのもりあがらない打ち合わせ、データと流行に基づいた企画出し、2時間どこを切っても同じ金太郎飴のような作品の白完チェック、もはや日々の業務は苦痛でしかなかった。好きで最新ファッションを身にまとっているやつと女にモテたいから仕方なく着ているやつのちがいとでもいおうか。ようするに売れたい願望がぼくの場合〝付け焼刃〟なのだ。

定例の楠本会議が終わったとき、楠本にじぶんの部屋に来るよういわれた。部屋にはいるとソファをすすめられ、備え付けの小型冷蔵庫から出してきた缶コーヒーを1缶手わたされた。

「自殺するんやないかと。それは冗談やけど、どうする？」楠本はいう。

どうするとは？　やめろという意味なんだろうか。

「最初の希望どおり出版部に異動という手もあるけど。ただうちはエロ本しか作っとらんし、エロ本はもってあと3年やと思う。だから個人的にはすすめられん。もしあれやったらI県の工場はどう？　モザイク入れたり、盤をパッケージに詰めたり、DVDの梱包作業とか、やってて楽しい仕事やないけど、あっちは売上で悩むことないから。給料はここよりうんと安くなるけど東京とは家賃も物価もちがうし」

考えてみますといって出てきた。出版部か工場の二択しか残されてないんだろうか。このふたつ以外はくびということなんだろうか。

席にもどると相馬がやってきて、マックにいこうとさそってきた。こんなとき相馬なんかと話したくないなと迷ったが、ことわる理由がすぐには思いつかずつき合うはめとなった。

楠本会議で唯一楠本の追及を受け止め、それを押し返してみせるのが相馬である。彼はじぶんのメーカーのあらゆる数字を頭にいれているので、楠本からなにをいわれようと瞬時に答えることができた。そもそも彼のメーカーは2つとも、この会社のメーカーのなかでは売れているほうなのでさほど追及もはげしくはない。

相馬は、いまぼくの目の前で例のごとくビッグマックとポテトをむさぼり食っている。ぼくはコーヒーをちびちびやりながら、いい歳して高校の運動部員のような食いっぷりをなかば呆れて見ていた。

食べ終わるなり相馬はきいてきた。

「楠本さん、なんだったの」

「いや、まあ」

「くび？　くび？」うれしそうな相馬。そして真顔になり、

「あのさ、おれまたあたらしいメーカーやるんだけど、恩地さん、いっしょにやんない？」

「いっしょに？　どういうこと」

「共同メーカーってこと。あたらしいメーカーはCFNMってジャンルなんだけど。クローズド・フィーメイル・ネイキッド・メイルの略でさ、服を着てる女と裸の男って意味。男がいきなりチ◯ポ出して、それを女が『キャーッ、キモい〜』っていやがる、そういうのに興奮する男がいるんだよね。まあおれなんだけど。それのAV。2ちゃんでもこないだスレッド立ったばっかなのにもうパート10とかいってるし、おれと似た性癖の男ってけっこういるんだなって。だからウケるとおもうんだ。まだそれ専門でやってるメーカーもないし。楠本さんにもざっくり話したんだけど、ほぼほぼOKもらってるんで。それをいっしょにやらないかって」

「でもぼくはMだからそういうのぜんぜん興奮できないんだよね」

「企画とかコンセプトとか、大枠はおれが考えるからさ。そこに恩地さんなりのアイデアとかつけ加えてくれればいいんだし」そして一度間をおき「じつはさ、恩地さん、やめるんじゃないかなって思ってて。おれら同期じゃん。恩地さんはどう思ってるかわかんないけど、おれは同じかまの飯的なシンパシー感じてるのよ。だから、助けるったらあれだけど、まあ共同メーカーってのもありかなって」

　ながくいっしょの職場にいるからわかるが、この申し出は相馬の本音であり、そこに他意はないと思う。数字のロジックで楠本を言い負かしたかと思えばくび、くびと子どものようにはやし立て、売れない女優を巧妙に押しつけてきたかと思えば女優と逃避行した部下を激情にかられ殴る、そのどれもが相馬であり、そこにうそはないんだろう。

礼をいい気持ちだけ受けとっておくと彼の申し出はことわったが、やればいいのに、もったいないなあ、チャンスなんだし、といつまでもくだくだしい相馬であった。

第九章　最後の挑戦

楠本の提案にしたがって工場ではたらくか、いっそ辞めてしまうか、簡単に答えはでず、かといってだれかに相談するのも気がすすまない。そもそも相談できる相手が身近にいない。

有給をつかって実家に帰り、そこで高校以来の、そして唯一の友人に会うことにした。もちろんそのときぼくの心にしこっていたのは今後の身の振り方であったが、そのことで彼に相談しようという気はなかった。べつにそんなルールがあるわけでもないが深刻な話はたがいに避けていた。相手に寄り添う姿勢を見せたところで十全に寄り添うことなどできず、中途半端に同情心を見せるくらいならいっそノータッチのほうがいい、おたがいそういう考えだったのではないか。が、付き合いはながく密なので、もちろん相手がなにかに悩んでいるらしいことはくみ取れる。

何年ぶりだろう。酒を飲んだ。べつにたいした話はしない。たがいの近況とか、あるいは音楽や小説の話とか。時間はすぐに経ち、夜の11時ごろ地元の繁華街にある一軒のバー、その店を出たところで「じゃあ、また」とわかれた。東京へもどってすぐ彼からメールがきた。べつにぼくの身の処し方にかんしてなにかコメントがあるわけでもなく、いつものようにたわいのないそれ。末尾にｕｒｌが貼られ、クリックするとザ・バンド「アイ・シャル・ビー・リリースト」。聴いた瞬間、わき上がってくるものがあった。そして翌日には、もう一度勝負しよう、と決めていた。訳すと「わたしは発売するべきだ」しかし意味を曲解していた。英語は高校以来なのでシャルの意味、ｂｅ動詞など忘れていたし、リリースは「ＣＤをリリースする」という使い方から発売という意味だと。だがこれ、正確には「わたしは解放されるだろう」である。彼からのメッセージを真逆にとらえてしまったのだ。

知り合いの監督から会ってほしい人がいるといわれた。監督志望らしい。なんでも過去にうちの会社で面接したことがあるんだが、合否の連絡はなく、だがどうしても撮りたいということで、恩地さん、いちど会ってやってほしいということであった。

ところで監督やるのに面接？　その合否？　どういうことか。それは多発するキックバック、その予防のため、このころうちの会社では監督志望者を一括面接するシステムができあがっていた。一度面接担当者を通し、相手の人間性を判断してからうちで撮るにふさわしいかどうかを決めることとなったのである。

その面接では受け答えがまともか、常識的か、そして大きなウエートをしめたのが見ためであった。昨今、会社では、いい作品をつくることより現場でトラブルをおこさないことが最優先された。会社の名前に傷がつくことを恐れたんだろう。ＡＶの場合トラブルは女優が気分を害することに端を発することが多く、よって彼女らに気持ちよく仕事をしてもらうためにも女子ウケのいい監督がなにより重宝された。20代前半の女子にとって見ためは大きなウエートをしめる。おしゃれであること、イケメンであればなおよし、あとは如才なかったり、金ばなれがよかったり（そういう人の現場はロケ弁当が豪華、つなぎ——現場に用意されるお菓子や軽食、飲み物のこと——が豊富にあり、それは女子がよろこぶ要素だ）。

　この日やってきた監督志望者は、釣り師が着るようなポケットのおおいベストの上に、デニム地のショルダーバッグをたすき掛けにし、伸び放題の天然パーマの髪にサングラスのような色つきのメガネをかけた野卑なおっさん。見ためは競輪場や競艇場に客としていそうなタイプ。名刺交換ではプリントクラブで作ったような名刺を出してきた。話しはじめても会話するではなく、じぶんのことだけ一方的にまくしたてる。たしかに面接で落とされるタイプだ。

　撮りたいものは「ウエット&メッシー」。

　そんなジャンルがあるなどいまのいままで知らなかった。競泳水着やセーラー服姿の女性を水で濡らしたり、ローションまみれにさせたり、そしてビショビショの着衣のままやるセックスがエロいらしい。

「セーラー服は本物、競泳水着はブランドものであるのがぜったいですわ。ただまあセーラー服はちゃんとしたAVメーカーだとむずかしいのかな。校章にモザイクかかったり、スカーフを色違いにさせたりとかしないとだめなんでしょうし、競水《きょうすい》（競泳水着のこと）は恩地さんとこはだいじょうぶなんですか。ロゴにモザイクかかったりしませんか」

「確認してみないとわかんないですね」

「そうですか。マニア的にはブランドロゴにモザイクかかったり、ガムテ（ガムテープ）貼って隠したりはダメなんですわ。エロさ半減どころか萌え全逃げですわ」

ひとりでしゃべって帰っていった。

ふだんはネットで知り合った女性を撮影し、それをじぶんでＤＶＤに焼いて同人サイトで販売しているらしく、ほとんど趣味の世界だがまったくの映像素人というわけではない。ふだんは警備員のバイトをしているそう。

もうひとり、おなじように紹介で会った人がいた。くるぶし近くまである丈のながいコート、デザインが昭和初期のように古めかしいグレーの三つ揃えのスーツ、足元は安全靴、長い髪をポニーテールにし、そのうえにはドイツ軍将校がかぶるような帽子が載っている。戦争マニアなんだろうか。

彼も一度うちの面接で落とされたくちで（それは紹介者から聞いた）、だがそのことに彼はいっさい触れず、というか雑談や身の上話もあまりノってはこず、見ためどおりの剛直で謹厳な人なんだろう、ぼくの質問に短くも的確な答えをその都度ピシャリと放ってきた。

また彼の場合も撮りたいものは明確にあり、それは陰毛とモリマンであった。それらの接写。ただしセックスはいらない。パーツだけをじっくり撮りたい、と。だが果たしてそれはＡＶなんだろうか。

戦争マニアとの打ち合わせのなか、彼からぼくの好きなエロについて質問をうけた。だがそのときちんと答えられなかった。そもそもぼくにとってのこの9年間、エロとは売れるか売れないかであり、好きか嫌いかの対象ではなかった。が、考えてみるにこの業界で働いているのであれば、戦争マニアのそれはしごくまっとうな質問である。なぜ、そんな当たり前のことをいままで考えたことがなかったんだろう。

好きなエロがないわけではない。AVを見てオナニーする習慣がないだけだ。ぼくはアスリート（とくに陸上、それも短距離）や女子プロレスラーや格闘家（柔道、レスリングなどの寝技・組技系）の画像や映像を見てオナニーすることが多く、とくにそのころはミクスド・レスリングというジャンルでよくヌイていた。女と男が真剣に戦い、お約束だが女が勝つのであるが、それに興奮を感じるのだ。もうひとつ、これは格闘家ともかぶるがデカい女も好きであった。風俗はほとんど長身専門店ばかり。そこでは横にもデカい女性を中心に指名していた。スレンダーよりもゴツい系が好みである。ぼくの場合からだのデカさはマストであり、だからどんなに顔が好みでも150センチ前半とかだと興奮できないのだ。ぼくの好きなエロはこれだ。ただこんなもの作っても売れるとは思えなかったので、仕事にいかそうなどとこれまで考えたこともなかった。

競艇おやじと戦争マニアとの邂逅《かいこう》がきっかけとなったのはまちがいない。遂につぎの、そして最後のチャレンジ、その方向が決まった。

最初は女優探し。長身とアスリート、できれば格闘系がいい。

うちの会社には各メーカー共通の女優面接シートがある。身長体重、スリーサイズ、趣味に特技、あとは初体験、オナニーの有無、風俗経験など、項目はエロにかんすることばかり。これを使って女優を面接する。うちでは女優面接にかんしてはメーカー単位で管理するのではなく、だれもが閲覧できるようファイルにいれることとなっていた。すでにメーカー数も30を超えていたのでこれらは膨大なリストとなり100冊ほどのファイルが倉庫にねむっていた。が、アンケート用紙にスポーツ経験の項目はなく、過去のファイルを調べたところで意味はない。だったらプロダクションに直接たずねるしかないが、プロダクションもスポーツ経験はエロと関係ないので、事務所面接（所属させるか否か、所属させるなら単体か企画かを決める面接）でそんなことはきかないので知るはずもない。すべてが手さぐりであった。

まず最初にわかりやすい募集用紙をつくった。柔道のヤワラちゃんと女子プロレスのブル中野の画像、あとはブルマ姿の短距離選手と競泳水着のスイマーのイメージ画像を貼りつけた紙に〈スポーツ経験者求む。部活程度でも可。P.S.ガタイのいい170センチ以上の女優さんもさがしてます〉というコピーをつけ、それを各事務所に片っぱしからファックスした。この頃で事務所総数は大小あわせ100社はくだらなかったろう。在籍数の多い事務所にはその紙をもって訪問した。本来こういった話、ふれば事務所がこっちにすっ飛んでくるものだが、たいして金にならない案件なのでぼくのほうから足を運ぶことにした。すっ飛んでくるのは200、300万の単体契約の可能性があるからこそ。ぼくの求めている女優はカテゴリー的には企画女優にあたり、ギャラは20〜30万である。その金額だと事務所は積極的には動いてはくれない。

はじめに反応があったのは長身であった。足を運んだ何軒めかの事務所で「だったらちょうどいい子がいます」とマネージャーが宣材を出してきた。プロフィールでは178センチとなっている。肩幅がありボディはゴツい。顔も悪くはない。

「彼女、面接できますか?」

「いや、ええ、まあ」歯切れが悪い。

業界には企画女優の面接はしない、という不文律があった。女優をわざわざ呼び出し（企画女優はみな本業をもっているのでときには仕事を休ませることとなる）、マネージャーも時間作ってメーカーに同行、これで面接落ちたらまったくの無駄足であり、女優も「面接したいっていわれたからわざわざ来たのに」とテンションダダさがり。こういうリスクを考えるとギャラ20、30万では割に合わず、だから決めるなら宣材でおねがいします、というわけだ。「もちろん撮ることになったら多少ギャラは上乗せします」ぼくはそういって、しぶるマネージャーを説得した。

面接したかったのには理由がある。宣材だからといって本当のことが書いてあるわけではない。胸のカップ数を盛ったり、10歳サバよんだり、このころは顔や腹回りにレタッチすらしていた。だから数値も写真も真に受けてはいけない。本当に178かとマネージャーを問いただしたところで、連中「まちがいないです」というに決まっているのだから。

さて面接。顔は宣材どおり。やる気もあり性格もよさそう。だがひとつ問題があった。実寸が174センチなのである。しかし想定内なので撮ることにした。

この撮影にあたり使用したい小道具があった。だがそれは世界中どこを探しても売ってはおらず、だから作るしかないが、どこにたのんだらいいのか見当もつかない。監督や制作会社の社長らにきいてまわると、ある人から「テレビ関係の美術会社（大道具、小道具を作る会社）だったら作れるかもしれません」といわれ、知り合いの会社を紹介してくれた。電話しこちらの要望を話したところ、それなら作れるという。さっそく会うことにした。

都下にある体育館ほどもあろう大きな工場で1階は工房らしく、恐竜の上半身、クイズ番組の回答者のブースらしき箱、明治時代の蒸気自動車（?）のレプリカ、そんなものが工場内にランダムに置かれ、それらのまわりに人がいて作業をしている。ぼくは2階にある事務所で担当者と会い、あらためて要望を話した。

「それなら問題なく作れますけど、縮尺の程度は」担当がいう。

「程度?」

「そう、なんセンチのものをなんセンチにするか」

肝心なことを考えてなかった。

「えーとですね。174センチを17……8、いや7で。177で」

3センチくらいのサバが良心的だろう。ついでに25センチが27になる巻尺も作ってもらうことにした。これは足用。もうおわかりだろう、作中に計測シーンをいれたいが実寸だとインパクトが足りないので、それ用に作ってもらったのだ。当時も長身AV、あるにはあったが、どの作品にも計測シーンはなく、パッケージ表記とインタビューだけでしか身長を知るほかなく、だがおそらくサバよんでるだろうから、正確な情報はどこにもなかった。長身ヘルスには巻尺持参でくる客が少なくない。みなそこを求めているのだ。

衣装にもこだわりがあった。今回は自衣装でいきたい。自衣装とは私物の服を持ってきてもらうこと。ちなみに単体の場合はぜったいにこちらで用意しなければならない。完璧を期すなら撮影まえに別日をもうけて衣装合わせしたいところだが、事務所はそんなことに時間を割きたくなく、結果撮影前に会うことはかなわず、だからだれにでも合わせやすいダボッとした感じの衣装が多くなる。合わせづらい衣装、とくにジーンズなどぜったいに用意されない。新品のジーンズの場合、女優の脚のながさに合わせすそを切り、縫い合わせないといけなく、現場でそんなことをしている時間はない。単体AVにジーンズが出てこない理由はこういうことだ。これはテレビでも同じだとおもう。だが、ぼくはジーンズ姿の女性が好きだ。長身は脚を強調すべきだし、ラインをきれいに見せるにはジーンズが最適だとおもっている。これはおねがいして数本持ってきてもらおう。そういうのもふまえこの撮影では彼女の通常ギャラ30万に、けっこうな額うわ乗せした。

ほかにもやることはあった。今後コンビとなりうるスタッフの発掘である。以前はぼくが監督するときは、スタッフ集めは仕切ってくれる制作会社に一任していたが（初期は水田の会社、コンビ解消以降はいろいろな制作会社。まえに書いたようにうちの会社は自社制作部をもっていないので、監督の際は外部におねがいするしかない）、するとどうしてもあわないスタッフがいる。ぼくはそういう人ともあわせようと無理をしてしまうところがあり、それが現場でストレスとなった。タイプ的には陽気で女優にも気軽に話しかける人より、必要なこと以外はしゃべらない、そしておだやかな人が好みであった。寡黙な人はけっこういたが、とっつきにくい職人タイプがほとんどで、これはこれでやりづらい。コンビを組む人は無口でおだやかで、機材に精通した人（ぼくが機械オンチだから）が理想であった。

いろいろな撮影でちょいちょい見かけていたフリーランスのAD、通称チャーリーがぼくの理想であった。彼はADとして現場歴がながく、だから多少は機材知識もあるだろうと。それでぼくの現場でカメラや照明など機材のフォローをやってくれないかとたのんだのだが「ぼく詳しくないんですよ。よかったら先輩の近藤さん紹介します。フリーの技術スタッフで音声、照明、Vカメ（VTRカメラマン）なんでもやりますよ」という。チャーリーと仲がいいのなら問題ないだろう。現場にはADとしてチャーリー、照明とカメラ調節（照明にあわせてカメラの明るさや色味の設定）を、その近藤におねがいすることにした。

あとは絵コンテ描き。映画やテレビドラマならそれらは必須だろうが、業界はいって9年、絵コンテなど一度として見たことはない。わざわざそんなものを描いて現場にいどむ奇特な監督などひとりとしていなかった。なぜ絵コンテがないのか。そんなもの必要ないから。それほどまでにこの業界はフォーマット化されていた。

たとえば現場でよく見る光景に、

「監督、尺は？」と男優がきく。

「25」

「基本セットですか？」

「基本で。股抜けもいれてね」

「最後は？」

「首下、おそうじ」

たったこれだけ。これですべてが通じる。

尺というのは編集後の時間。この場合なら、本編でのカラミシーンは25分、という意味。だから男優はながくても30分以内に前戯をふくめたカラミをおさめる。なかには25といわれると27、8分におさめほとんど編集しなくてもいい男優も。こういう男優は人気だ。腕時計をしてカラむわけではない。すべてが体内時計である。またセットとは体位のこと。基本セットは正常位、バック、側位、背面騎乗。股抜けとは正常位の変形でチ○ポの抜き差しと女優の顔がひとつの画面におさまる体位。２００５年くらいから頻繁に見かけるようになり、いまでは必須だ。フィニッシュは首下に発射、最後はおそうじフェラで終了。たったこれだけのやり取りでおたがいが了解できる、それが当時のＡＶ撮影であった。

現場当日の朝は以前のハメ撮りメインのとき同様緊張感があったが、以前のそれが恐怖感が主だったのにたいし、今回はワクワクをともなったそれであった。

スタジオにはいるなり、十数枚のＡ４サイズの絵コンテをメインの部屋、その壁一面に貼った。それはプレーの一部分を描いた絵。ぼくが風俗にいくと好んでやっていたプレーであり、昔からやりたい、やってもらいたいと思いながら、プレールームの高さ広さの都合からできなかった夢のプレーでもある。

股抜きフェラ、股裂き、座りアンマ、ダッコちゃん、布団、ショイコなど。当時はそういったネーミングはなく、これらは撮っていくうちに自然とその名になった。どういう技かというと……ことばでは説明しにくい。だからまあ絵コンテなんだが。男優、チャーリー、近藤、メイク女性まで、だれもがこの部屋にはいってくると、まず最初に、それらをしげしげとながめていた。チャーリーだけが「へえ～」と感嘆ともつかない声をあげ、残りはしばらく見いったあとなにもいわず去っていった。そんな絵なのだ。演者に伝わりさえすればいい。

一部のシーンのみヒールの高いサンダルを履いてもらったが、ほとんどすべてのシーンを裸足でとおした。ジーンズなのに足もと裸足。撮影では姿勢をよくみせるためヒールのある靴は必須である――ヒールを履くと背筋が伸び姿勢がよくみえる――。とくに長身ものとくればゆうに10センチを超えるハイヒールを履いているイメージがある。だがぼくは裸足にこだわった。同じ条件下での身長差にこそ興奮するのだ。こんなとき一家言あるタイプのスタッフなら「ヒール履いたほうがいいんじゃないですか」などいちいちうるさいが、近藤はなにもいわなかった。彼は黙々とぼくの指示にしたがい、つねにぼくの持つカメラ、その映像が映っているモニターをチェックし、カットがかかるたびカメラを微調節してくれた。弁当もチャーリーともどもいちばん最後に手をつけ、いちばん最初に食べ終わった。

男優にもこだわりがあった。当時150センチ台でカラミのできる男優は2人いて、その1人をよんでいた。それと小柄でがりがりの汁男優数人。ここまではよくある長身の現場だが、ぼくはもう1人あえて平均体型のカラミ男優をよんだ。彼は170センチで、それほど身長差はなく、また体格もがっちりで、女優と遜色ない（彼女はスレンダーではなくがっちりタイプ）。体格のいい男ともうひとまわり体格のいい女の肉弾セックスを見せたかったのだ。カラミのまえにはたがいに裸足になっての身長比べももちろんおこなった。だがそれだとふたりの差があまりなく、177もないのがばれてしまう。だから男優に「ぼく173なんだけど」と作中でいわせた。

パッケージ撮影では彼女持参のスキニージーンズに白Tシャツ着用の彼女単独バージョン（ヒールあり）と小柄男優入れ込みの比較バージョン（裸足）の2種類しか撮らなかった。今までみたくパケ撮影に3時間も4時間もかけたくなく、1時間程度で切り上げ、その分本編に時間をまわした。

23時半撮影終了。充実感より安堵がうわまわった。

新生オンプロには競艇おやじと戦争マニアにも参加してもらうことにした。面接に受かってないこのふたり、ほんとうはダメなんだが、世渡り上手だけがうまい汁を吸える、いまの業界のあり方がほとほといやで、かまうもんか、という気持ちからであった。それにどこか彼らにぼく自身を重ねてもいたんだろう。

競艇の借りたスタジオは田園調布にあるプール付き一軒家。本来はアイドルの写真集やイメージビデオに使うところで、果たしてエロはだいじょうぶなんだろうか。そもそも高そうだ。

「ここ、いくら？」

「いや、まあ」

「おしえてよ。プロデューサーとして把握しておきたいから」

年上かと思ったら年下だったのでいまではタメグチだ。

「30です。グロスで30」グロスとは12時間のこと。

「30！　高いね」

「プール使用料込みですからね。都内だったら、こんなもんですわ。広めのプールがあるところで20万以下で借りようと思ったら千葉か茨城までいかないとないし、そこだと往復で本編撮る時間けずられちゃうし」

競艇の第1弾は競泳水着ものとなった。加藤に確認したら、胸のロゴにモザイクは必要ない。ただしロゴをナイフで切り刻んだり、そこに発射したり、ブランドを中傷するような行為はNGとのこと。

ADの男ははじめて見る顔でおそらく業界の人間ではなくマニア仲間なんだろう。だから女優への飲料水補給やガウン掛けのタイミングは知らないようなのでぼくが彼の代わりにADとなって動いた。

今回おどろいたのはこの規模の撮影なのにワゴン車2台できたこと。1台は撮影小道具。もう1台はまるごとローション。持ち手のついた正方形のプラスチックの一斗缶（18リットル）にはいったローション、それが荷台に詰めこめるだけ詰めこんである。

もうひとつおどろいたのは衣装。大きめの衣装ケース、はいっているのは競泳水着オンリー。ブランドはいろいろ。それら、よく見るといくつか細工が施してある。まずは股間。本来股間部分には、補強のため内側に白い生地が縫いこまれているが、それが取りはずされている。なぜか。股間にカメラが寄ったとき、クリトリスの突起を見せたいから。もうひとつ、カラミのとき裂けめをいれやすいから。競泳水着にかぎらずコスプレものは着衣のままカラむことが必須であり、水着の場合、横にずらして挿入することも可能だが、ずらすとその部分にしわがよるので見ためが美しくない。ただ裂けめをいれれば以後その水着は使えず、だから横ずらしのほうが金銭的にはいいのだが、そこをケチしないのがマニアなんだろう。ただそれでいくと撮影ごとに新品を買わなければならず、だがここのはどれもが使い込んだ水着なのだ。じつはここにも細工がある。マニア的には使い込んだそれがベスト。そのため新品を買ったらなんども洗濯し、そしてロゴ部分は砂消しゴムでけずって人工的に使い古し感を出すんだそう。

撮影中も徹底的に着衣にこだわった。おっぱい揉むときはその部分だけくり抜き、クンニの場合もそう。この現場では裸はＮＧなのだ。ＡＶなのに裸ＮＧ!?

パッケージ写真は競艇みずからが撮った。

「なによりローションのてかりが大事なんですわ。職業カメラマンってどうしても女の子の顔にフォーカスしちゃうんでね。そうじゃないって何度いってもわかってくれないので、だったらじぶんで撮っちゃえって」

プールサイドに女優を立たせ、マニア仲間のＡＤが一斗缶のローションを、女優の頭上からドバドバかける。ある程度かけたら写真。競艇が「ローション！」というとまた一斗缶でドバドバ、そして写真。このくり返し。今回、そこそこ有名な企画単体の巨乳系女優だったので、ぼくなどは上半身だけ水着脱いで胸を出す、そう考えてしまうが、競艇的には完全着衣。それはいいが顔も髪もローションまみれで、女優のファンですら一見したところで彼女とはわからない。顔だけでもローション拭きとったほうがいいのでは、とも思ったが……。

けっきょく最初から最後までなにがエロいのかさっぱりわからない現場であった。

競艇がこの撮影でいくら使ったのかはわからない。スタジオ代と水着代で相当使っているが、有名男優やパケカメラマンはいないので人件費はそうでもない。制作費から監督料として20万は抜ける額をわたしている。もっと制作費低くおさえても競艇ならよろこんで仕事を受けただろう。しかしこの金額にしたのは「撮影だけで生活できる」という多くのAV監督が当然のこととして甘受している環境を、彼にも味わってほしい、そんな気持ちからであった。仕事でしか付き合いのない競艇にそんな気持ちを抱くいわれはないが、これもまたどこかじぶんを重ね合わせていたのかもしれない。

戦争マニアとの第1弾は陰毛もの。いまだと多くが処理しており、なかにはパイパンにしている女優もいるが、当時で処理派、未処理派、半々くらいか。

こだわったのは人数。きりのいいところで100人としたいが収録時間がある。DVD2枚組として4時間。ひとり3～5分でせいぜい60人といったところか。それでもけっこうな人数であり、簡単に集められる数ではない。ルックスにこだわるのであればなおむずかしい。

だが、戦争マニアは「美人で処理済み、美人で薄毛、そんなのが3人いても、かわいい顔して剛毛1人にはかないません」と説く。大切なのは顔よりも毛。が、いくら顔へのこだわりはないといってもその人数をひとつの事務所で集めるのはたいへんだ。にもかかわらずこういう多人数ものは事務所にとてもよろこばれる。それは仕事がない女優に仕事をふれるから。AVバブルで女優がわんさか増え、レベルも上がったため、この頃は仕事のない女優がけっこういたのだ。そんな彼女らに仕事をふれるのは事務所にとってはありがたい。引き留めにもなるし、「あそこの事務所は仕事がない」と変なうわさを流されなくてもすむ。

スタジオ代を浮かすため、土日を使ってうちの会社の応接室で撮ることにした。1日15〜20人をよび、ただし陰毛だけではもったいないので、腋、アナルも撮ることに。陰毛とは別に腋とアナルで1本ずつ出せば全体のペイラインが下がる。リスクヘッジだ。段取りはメインである陰毛を撮ったら、別室に移動し腋とアナルを撮る。2班体制で女優陣を健康診断のようにまわしていく。戦争マニアが業界に知り合いがいないというので、チャーリーと近藤をよんだ。陰毛は戦争マニアと近藤。腋とアナルはチャーリーとぼく。

事前にマネージャーからは出演予定女優の宣材をもらっていた。3つの事務所にまたがっている。マネージャーの事務所の稼働女優、60人もいないので残りは姉妹事務所や仲のいい事務所から調達せねばならない。今回のように他にたのまなければ集まらないような場合のため、彼らはふだんから他事務所のマネージャーとも仲良くしている。そもそもAVプロダクション自体、最初から横のつながりが強く、それはK連合の例を見るように仲間が仲間を業界に引き入れるから。またプロダクション業務は元手もノウハウもさして必要ないので、独立するマネージャーがあとをたたず（当時で100以上の事務所があったが元をたどれば5つくらいの源流になる）、独立して昔の遊び仲間を引き入れ、といった感じでつながりはどんどん伸びていった。だから応援をたのみやすい環境ではあったのだ。ところが反対にメーカー間のつながりはほぼない。ときどきどこかのメーカープロデューサーが音頭をとって親睦会が開かれることもあったが、たいてい2、3回で消滅した。なぜならそこで話せるのは自社にとって出してもいい情報だけなので、たがいに相手を牽制しながら飲まなくてはならず、気ばかり遣う飲み会だったから。なかには情報漏えいをふせぐため他との交流禁止のメーカーもあった。

で、当日だが、連絡がとれなくなった、用事ができたなどの理由で15人のうち半数の7人、予定以外の女優がやってきた。べつにルックスにこだわっていないので問題はない。この業界、複数もので当日差し替えは当たり前の光景である。

そうこうしているうちに格闘系女優が見つかったと連絡があった。

柔道である。柔道が強いことで有名な関西のT大学の柔道部。4年生だから部はすでに卒業したが、つい最近まで現役である。

マネージャーが宣材をもってやってきた。

「いいじゃないですか〜」おもわず笑みがもれる。純朴でほんわかした、いかにも格闘女子だ。

「面接できるんですか」

「いや、ええ、まあ」

お約束の反応。だがもうひとつの理由もあった。彼女、大阪在住なのだ。

わざわざそのためだけに呼ぶことになる。どうせ呼ぶなら事務所としては2つ3つ他メーカーの面接もかぶせたい。だが彼女のスケジュールと訪問予定メーカーのスケジュールをすり合わせていると2、3週間、へたすれば1カ月先とか。そこまでは待てない。オンプロ新生第1弾に長身と同時リリースしたくできればすぐに面接したい。だからぼくが大阪にいけばい い。それはなんの問題もないが、マネージャーが時間がとれないなどとしぶってくる。この業界、面接にはマネージャー同席が必須、女優単独は絶対にない。単独の場合、メーカー優位の条件で話がすすんでしまう可能性があり、そのストッパー役としての同席なのだ。

「彼女、応募、それともスカウト？」

「スカウトです」

「ってことはそのスカウトマンも大阪だよね」

「はい、そうです」

「じゃあ、Mさん（マネージャーの名前）いけなくても、そのスカウトマン同席でいいんじゃない」

「はあ、でもやったことないですし」

「物事にはなんだって最初があるよ。だったらこうしない、当日彼女への質問事項を事前にわたすよ。それ以外はきかないって形ならどう？」

これでなんとか納得させた。

顔も体型も宣材と寸分たがわぬ女の子であった。私服も彼女なりにおしゃれのつもりなんだろうが、ピンク系統のそれで正直似合っているとはいえず、ジャージにサンダルのほうがよほどしっくりくる。緊張しているというのもあったんだろうが、ぼくの質問にハイかイイエでしかこたえない、かなり無口なタイプ。初体験は19歳。体験人数は1人。AVがなんたるかもほとんどわかってないようで、まあエロは期待できそうにないが、もともとそっちはおまけ。強ければいいのだ。

喫茶店でスカウトマン同席で彼女と話したのだが、そこでは柔道の技をチェックできないのでカラオケボックスへと移動。テーブルをソファのうえに置いてスペースを空け、床で寝技を中心にかけてもらうことに。

ぼくは客観的に見たいので、かけられる相手はスカウトマン。最初は照れていて、真剣にやってはくれない。「いいよ、Tちゃん、マジで絞めちゃって」「でも」「いいから。ね、スカウトさん、いいよね」「あっ、はい」つぎの瞬間、布団をバットで思いっきり叩いたような音が部屋中に響いた。ギブアップのときは彼女のからだのどこかを叩く、それを合図にしていたのだ。だがそれはトントンではなく、恐怖をともなったバシバシであった。

面接は心斎橋でしたのだが、そこは一時期月2で来ていたとあって、ぼくにとっては渋谷、新宿よりも馴染みぶかい街であった。

今回は1年ぶりの訪問。ということは浅見と水田にももう1年会っていない。電話で話すことさえなく、おそらくもう会うこともないだろう。濃い付き合いだったが、いや濃かったからこそ、短い寿命だった。

問題はスタジオであった。格闘可能なスタジオなどない。空手やボクシングなどの立ち技系なら広めのところを借りればなんとかなるが、柔道だと畳かマットが必要だ。ようするにAV撮影OKの道場もしくは総合格闘技のジムをさがすか、最悪スタジオにマットを運びいれるほかない。チャーリーに相談した。ということは近藤にも話はいく。というのもこのふたり同居していて、四六時中いっしょにいるのだ。またふたりともぼくより若いが業界歴はながく、知り合いも多い。

ＣＭやドラマなら「うちでよければ好きなだけ使ってください」という対応だろうが、ＡＶとなるとほとんどがアウトだ。最悪、というより可能性としてはスタジオにマット入れ込みのほうが高いな、その場合の段取りとか予算に頭を悩ませていると、予想外にはやくチャーリーから連絡があった。見つかったそうだ。ふだんは総合格闘技のジムらしい。場所は新宿。見つけてきたのは近藤というので、彼と電話で話した。

「でもふだんジムで使ってんなら朝から夕方5時くらいまでしか使えないね」ぼくはいう。

「いいえ、撮影ある日は休みにするそうです」

「そうなんだ。でも逆にわざわざ休みにするからっていうんで吹っかけてきそうだね」

「ぼくもそう思って。金の話になって、むこうが『いくらくれますか』ってきくから、ぼくが『逆にいくらだったら』ってきいたんですよ。そしたら『1時間1万円かな』って。むこうとしては吹っかけたつもりなんでしょうが、むしろ相場より安いじゃんって」

「コンちゃん、グッジョブ！　でもどうやって見つけたの」

「何人かの知り合いにあたって。そっからたどって」

近藤は基本は機材スタッフだが、むかし制作会社にいたので、制作デスク的な仕事（ロケハン、金銭交渉、スケジュール管理など）もできるのだ。ところで例のプ﹅ー﹅ル﹅のあるスタジオがグロスで24万。特殊なところは高いのだがこれだと通常のスタジオと変わらない（平均的なハウススタジオでグロス〈12時間〉12、3万）。

今回はより気合いをいれて絵コンテを描いた。長身の倍描いた。なかには体勢的にむりだろってのもあったが、いかんせん妄想がスパークし筆が止まらない。

メイクには長身と同じ女性を呼ぶことに。ぼく自身メイクのこだわりはなく、基本はだれでもいい。そもそもメイクの仕上がりのよしあしがわからない。メイクという職業は男性より女性が多いが、とくにAVは女性比が高く、それには理由があり、撮影現場は男ばかりなのでメイクルームでふたりきりになるときだけは女性同士、現場の愚痴を吐き出したいだろうとの配慮から、この業界自然と女性メイクが多い。いいものを作ろうとする監督にとって女優はときに駒となり、うまく演じられないとつらく当たることも出てくる。女優もいい作品にするためがんばろうという気概をもった子ばかりではなく、きつく言われてふてくされる子も当然いる。そういう子をなだめるのもメイクの仕事なのだ。しかしただ寄り添うだけではだめ。寄り添いつつ「監督のためにがんばろう」という気持ちにさせないといけない。メイクの技術以外にも包容力やコミュ力が問われるのだ。その点、長身のときのメイク女性はよかった。

男優は汁男の手配師にたのんだ。手配師とはメーカーや制作会社から「〇月〇日、5人、スーツ着用で」など依頼をうけると、支配下の汁男に一斉メールして、その日空いているやつを現場に送りこむことを生業としている連中だ。送りこんだ汁男のギャラの10％を手数料として男優から受け取る。手配師はベテランの汁男がそのまま移行することが多い。そこである手配師に「柔道経験があってできれば小柄なやつ、いませんか」とたのんだところ、紹介されたのが大川である（例の食糞の大川）。が、本人にきくとやっていたのは柔道ではなく空手とのこと。ことわろうとも思ったが、話すと実直な感じだし、格闘全般好きで、ミクスド・レスリングというジャンルのことも知っていた。この仕事、現場にはいってしまえば経験よりも勘が重要だ。ミクスド・レスリングは最終的に女性が勝つがその過程が大切なのであり、女性が10の力だとしたら9の力で、実力が拮抗しているようにみせるのがキモなのだ。気を遣って5しか出さないやつ、とくに汁男にはそういうタイプが多いが、それではだめなのだ。そのサジ加減がこの男だったらわかるのではないかと思い、彼におねがいした。

ぼくのリニューアル行動は会社では黙殺されていた。だれもぼくのやることなど興味ないということもあったろうが、どこも売上がかんばしくなく、じぶんのメーカーのことで手一杯、他をふり返っている余裕などなかったこともあろう。唯一相馬だけが、「つぎなにやんの？」「やけくそでさ、バカAVやっちゃいなよ」などと声をかけてきた。あるとき、家で描いた格闘シーンの絵コンテ、それをコピーし整理していると相馬が横からさっと手を伸ばし、数枚をとった。じっと見ている。

「D社やFワークスが格闘AV出してるけど、チェックしたの?」見ながら相馬がきいてくる。

「もちろん」

相馬はだまってその絵を返してきた。

つづけてぼくは「基本フォーマットはそれらのパクリだし、エロにも力いれるつもりだし」とこたえた。

うそである。リニューアルにあたって誓ったことがひとつあり、それは「だれの意見にも耳を貸さない」であった。ぼくの悪いくせのひとつに、他人が、とくにそれがじぶんより地位のうえの人間である場合、彼らのいうことをすべて聞き入れてしまうところがあった。右というやつがいれば左というやつもいる。そのまま聞き入れ右にいき左にいき最終的に迷子になり、いつも失敗してきた。仕事のできる人間は了解したふりをしながら取捨選択している。ぼくはそういう芸当ができないので、このリニューアルにかんしては、いっさいスルー、そう決めたのだ。

当日。

まずジムの片側一面が鏡張りになっており、そこを白い幕でおおった。スタッフの映りこみをふせぐためだ。格闘シーンは２カメラでいきたく、手持ちカメラはぼく、近藤は三脚で全体の画をおさえるカメラ。道着は彼女の私物だが、左胸の部分に大学名が刺繍《ししゅう》されており、それは出せないので、用意した文庫本大の白い布でおおい、はずれないよう縫いこむ。

最初はスポーツブラとパンツ姿でのレスリング。道着着用バージョン、全裸バージョンもそれぞれ撮影予定だ。ここでＡＶ的なノリだと道着ではじめて、戦いながら徐々にはだけていき、最後は裸、ということになるがそれはリアルではない。戦う姿、それ自体がエロなのだ。

大川と女優に壁一面に貼られた絵コンテを指して説明する。

「この絵どおりの技にならなくてもいいから。変形でもいい。あくまで流れを重視します。途中で止めて、この技の格好にさせてから再スタートとかしません。カメラまわしはじめたら基本は止めません」

そして女優をむき、

「ガチでやればあなたの瞬殺だろうけど、それだとあれなので、そうだなあ、５分、５分はもてあそんでよ。で、合図出したら、キメて」

大川には、

「組んだらだいたい相手の力量わかるでしょ。おそらく大川くんより強いからマジで戦っても大丈夫だから。ただ力は男のほうがあるから、本気で抵抗したら技かかんないので、そのへんはうまくやって」

そしてふたりに、

「プロレスだから、プロレス。相手の技は受けてね」

そしてスタート。だがふたりとも遠慮があるのか「ファイト！」と促してもいまいちもりあがらない。

こまったぼくは「○○（大学名）なんだろ。いけよ！　素人に手こずってどうすんだよ」と怒鳴った。このことば、考えていたわけではなくとっさに出た。すると彼女はハッと一声うなると、大川の空手着の襟に手をかけ、とおもったつぎの瞬間、ドスッという音とともに大川はマットにたたきつけられていた。すぐに寝技にいけばいいのだが、やりすぎてしまったと焦ったのだろう、大川を見下ろし呆然と立ちすくんでいる。すると大川が彼女を片足タックルでたおし、背後にまわって脚を胴にからませ、首をしめる。

「落とせ、大川、いけ、もういい、おまえが勝て」

いわれたとおり大川は本気で勝とうと腕をぐいぐい締めあげていく。

「T（女優名）、○○の恥だ。肘いれろ。金玉つぶせ。素人なんかに負けんじゃない」

真っ赤な顔のTが大川の腕に力ずくでじぶんの腕をこじ入れて脱出、また一声うなると、大川の肩ごしに手をのばし、襟をつかんで大外刈りでたおし、すぐにまた襟をつかんでむりやり立たせ、ふたたび大外。こんどはすぐにケサ固め。「落とせ、殺せ」ぼくはさけぶ。

タップの際は合図しろといっていたが、急にTが力をゆるめ、心配そうな顔でぼくを見る。大川は半分落ちていた。タップしたあとカットをいれず、そのままフェラに移行するつもりだったが、さすがにまずいと思い、いったんカメラを止めた。

固定カメラをまわしていた近藤が上がっていた脚立から駆け下りてきて、まず大川を心配そうに見、つぎにぼくの方を見て、

「カメラまわしてて久々に緊張しましたよ」だがなぜかうれしそう。

疲れと興奮で肩で息をしているぼくはすぐにはこたえられない。

「あと、恩地さんの絶叫もすごかったです」

パケ写真は、AV的には道着をはだけさせ、おっぱいチラ見せという形なんだろうが、きっちり着こんだ正装パターン一択。道着以外にグレーのチビT上半身バージョンも撮る。汗フェチを呼びこむため腋部分を霧吹きで濡らし、人工腋汗を作ってはみたものの、イマイチ本物にみえない。この腋汗、興味ない人には真贋はわからないだろうが、フェチはすぐに人工と見破ることができる。腋汗などフェチしか感応しないし、そのフェチに偽物とおもわれるのは逆効

果なので、そのバージョンはやめた。現場では「残す」より「捨てる」ほうが正しいことが多い。AVのパケはメインとは別に予備も数パターンおさえておくのが鉄則だが、その予備が本採用になることなどほとんどない。


現場終わり、ぼくと近藤とチャーリーの3人で飲みにいった。

「きょうもコンちゃんとチャーリーがいてくれてたすかったよ。ふたりはおれの精神安定剤なんだ」ぼくがいう。

近藤もチャーリーも、ぼくがピンチのときはこっちからSOSを出さずとも、気配を察してすーっとやってきて、あれこれ世話を焼いてくれる。彼らと組むようになり現場でストレスを感じることがめっきり減った。

「恩地さんの現場は楽しいですから。きょうだって不謹慎だけど、だれかケガして救急車でもきたらワクワクするなって」近藤はいう。「それにいつもとちがう恩地さんもみれましたし」

「いつもとちがう？」ぼくはたずねる。

「そう。『殺せ！』とか。そんなこというんだ、この人って」

「殺せ？　ぼくが」

食べる専門のチャーリーがパクついていた唐揚げから顔をあげ、

「恩地さん、気づいてないんですか？　めっちゃさけんでましたよ、殺せとか、ウォーッとか。この人、きょうはどうしたんだろって」

　殺せ、ウォーッ……まるで記憶にない。

　AVのパッケージはメーカー主導で制作する。そこに監督が加わることはない。現場を中断してパケ撮影のための時間を割くのが当時の基本スタイルだが、そのとき監督は別室で待機していることが多く、撮影はカメラマンとプロデューサーの2人だけで進行する。

　カメラマンには3通りあり、パケしか撮らない人、パケと現場スチールを兼任する人、現場スチールしか撮れない人がいて、ふつうは若手が現場スチールからはじめ、やがて兼任となり、最後にパケ専門となる。ギャラはパケ専門がいちばん高い。しかしAVはパケが命なので、少々むりをしてでもパケ専門カメラマンを雇う。

　基本的な流れは、パケカメラマンの撮った写真と現場スチールカメラマンの撮った現場写真（パケ裏に使用する）をプロデューサーが預かり、パケに使えそうなものをセレクト、それらをデザイナーにわたし、デザインがあがってくるのを待つ。その間監督はといえば本編の編集をやっており、パケ作業にはノータッチ。中身とパケは別進行なのだ。よくあるクレームで「パケ裏にある写真が本編にない」というのがある。たとえば競泳水着を着ていたので買ったが、そんなシーンはなかった、と。これなどは別進行だからこそ起こりうるミスである。

オンプロはそれは避けたかったので、表4（裏表紙のこと）は画撮をしていた。編集済みのそれから画撮すれば中身とちがうことはない。それまではパケデザインは他メーカー同様ぼく主導でおこなっていた。使用する写真のセレクト、コピー書き、すべてぼく。なにか考えがあったわけではなく、パケはプロデューサー業務という、むかしからの慣習に従っていたにすぎない。が、今回はパケに競艇と戦争にも参加してもらうことにした。写真もコピーもくわしいやつに任せたほうがいい。競艇には表1写真をセレクトさせ、コピー候補をいくつか書かせた。戦争はだれかにやり方をきいたのか、じぶんで画撮までし、こんなデザインにしたいと紙に完成見本まで描いてきた。それも表4、その細部にいたるまで。

それらの色校が印刷屋からあがってきた。色校とは完成版の一段階まえの状態。そこで文字や色を直し、入稿して本刷りがはじまる。ぼくがそれらをデスクでチェックしていると相馬がやってきて、のぞきこみ、つぎにぼくから奪いとってまじまじと見はじめた。おかしくてたまらないといわんばかりの顔。そしてぼくを見て「売れねえ〜」とひと言。とってもうれしそう。そしてだれかれに見せてまわりたいのだろう、それらを持ってどこかにいってしまった。

どんなパケかというと、競艇のは競泳水着姿の女優が髪も顔も全身、ローションでずぶ濡れのなか棒立ちの写真。戦争のはヘアーのドアップ。表4もひたすらヘアー。女優の顔いっさいなし。

神風は吹かなかった。

現実はドラマのようにはいかない。

が、完敗ではなく首の皮一枚残った、といったところか。店舗の売上はトントンであったが、配信、レンタル、CS放送、ベスト版などの二次使用、三次使用で回収できる。会社としてはそんな微収入メーカーありがたくもないが、オンプロなどにかまっていられない事情もあった。もはや2009年はじわじわではなくガラガラ業界がくずれはじめた年である。最盛期は40に迫らんとするメーカー数だったのが、いまでは20強。楠本会議で楠本が「○○映像と△△企画は来月をもって撤退」と容赦なく切るのだ。「待ってください。リニューアルします」は通用しない。持ち直すのを待っている余裕などないのだ。今月の会議では相馬の手がけている単体メーカーも撤退させられた。会議のあいだ中、相馬はあたりをはばかることなく泣いていた。撤退させられたメーカーのほとんどが単体であった。バブル期、上げ底単体をしていたツケがまわってきたのだろう。女優ギャラあわせた制作費400万、500万じゃしょうがない。その点、オンプロは100~200万なので、赤字額は低くおさえられた。

そういったわけでとりあえず継続できることとなった。

競艇や戦争がレギュラーで撮りはじめたことで、そのうわさを聞きつけてか、お金は少しでいいです、なにか撮らせてくださいという監督がちらほらやってくるようになった。そのなかのひとりにカンパニー松尾フォロワーがいた。ぼくが一時心酔した実録出版はテクニカルなハメ撮りだが、カン松は叙情的で、私小説ならぬ私ハメ撮りといった作風で熱烈なファンをもっていた。そのフォロワーのひとりである監督が自身のハメ撮りで企画単体の尾崎純を使いたいというのだ。例の一件もあり気が進まなかったが、仕事だし、売れるだろうからとオファーした。予算をおさえるため、スタジオは監督の自宅、ＡＤはぼく。事務所に住所を教えると、今回もまた彼女はひとりでやってきた。

「元気ですか？」ぼくはきく。どうにもぎこちない。会うのは２年ぶりか。

「はい。元気です。恩地さんもお変わりないですか」

以前と少しも変わらない。気さくでいい子だ。

監督の自宅は１Ｋでぼくのいるスペースはなく、撮影中はちかくのファミレスに待機していたが、９時まえに監督から「終わりました」と連絡があった。ハメ撮りはさして時間はかからない。この日も夕方集合だから正味３時間だ。

シャワーをあびた彼女はすぐに帰り支度を終えた。まだ撤収作業が残っていたが、地下鉄で帰るという彼女を駅まで送ることにした。

「最近は仕事のほうはどうなの？」ぼくはきく。

「変わんないですね。あ〜でもちょっと減ったかな」

あたりさわりのない話をしているうちすぐに駅についた。

「あの……」ぼくは意を決し「よかったらこのあと飲みにいかない。撤収はすぐに終わるんで、待っててて──」

「すいません。あしたはやいんで」さえぎるようにこたえる。笑顔のまま。

「ああそうなんだ……だったらまたメールしていい？」

一瞬間があったが「ええ、どうぞ」やはり笑顔。が、つぎの瞬間、くるりと背をむけると階段をすべるように降り、あっという間に人ごみにまぎれた。

その日の夜メールした。翌日もメールした。一週間後にもまた。どれにも返信はなかった。

リニューアルから2年になろうとする2010年暮れ。業界はますます不況となり、メーカー数もいまでは20を割った。

会社も変わった。楠本会議がなくなった。楠本がいなくなったからだ。会社をやめたわけではない。衰退一途のAVに楠本の才能を浪費させたくはないと社長が彼を引き上げさせたのだ。

そして上海に出向させた。中国のＩＴ企業と合同出資のあたらしい会社を立ち上げることになり、そのリーダーに任命されたためである。楠本の代わりに加藤がＭＣとなり会議は引き継がれたが、もはや以前の熱気や緊張感はなく、毎回、お通夜みたいな雰囲気であった。

他メーカーほどではないにせよオンプロもじわじわと売上を落とし、レンタル、ベスト版などの二次、三次使用をふくめても赤かよくてトントンという月がこのところ続いていた。

ある日のこと加藤に呼ばれた。以前の楠本部屋がいまでは加藤の部屋である。

楠本の置き土産であるバッハの髪型みたいなソファに腰をおろすなり加藤にいわれた。

「恩地さん、最近売上が落ちてきてますけど、なにか対策考えてます？」

「……」

メーカー廃業させられたプロデューサーたちの行き先でもっとも多いのが自社の他メーカーに引き取られる。つぎに他部署への配属。ＩＴ部門はイケイケで猫の手も借りたい状態だったので、多くが引き取られていき、また営業部にもそれなりの人数異動していった。さいごに同業他社への転職。当時はＨグループにいたというとまだ「どうぞ、どうぞ」と雇ってもらえる時代ではあった。

だがこれすべて人望があり、人付き合いもうまい人間にかぎられる。ぼくのようにふたつとも持ちあわせていない人間は、どれもが困難だ。唯一可能性としてあるのは以前楠本に打診された、北陸はI県にある工場に行くことだろう。対人関係や売上に悩まされず、もくもくと単純作業に従事するほうがぼくにはむいている。

「来年1月の末あたりから年棒更改をはじめようとおもってます。そのころまでには考えといてください」

考える？　対策か、それとも身のふり方か。

わかりましたといい、ぼくは部屋を出た。


加藤には感謝しかない。M社への異動が決まったのだ。出戻りである。もともとうちの会社はM社からはじまった。

加藤はぼくの行く末を案じてか、IT部、営業部、出版部にかけ合ってくれるも、どこもいらないという返事。田舎の工場にもきいてくれたが、リリース本数も減っている現状、工場も縮小しているので雇う余裕はない、とのこと。そこでM社のチーフにかけ合ってみたところOKが出たと。

これらを聞かされたぼくは礼をいうと加藤は、

「かんちがいしてほしくないのは、情で動いたわけではありません。またむりくりF（M社のチーフ）にねじ込んだわけでもありません。そういうしがらみがあると恩地さんも居心地わるいでしょうし。理由は、まずひとつに赤字幅がほかの廃業メーカーより小さいこと。おそらく今期、恩地さんの年棒引いても数百万の赤字で収まるでしょう。あとは恩地さんの手がけてきた作品がうちのどこにもないこと。それとエキセントリックな制作手法が若手プロデューサーの刺激になるんじゃないかって。いまじゃデスクにすわって右から左に電話しているだけのプロデューサーばかりの中、恩地さんの地を這うような仕事っぷりは、なんというか、ちょっとことばを探る顔になり「温故知新《おんこちしん》なんですね。平成の時代に昭和というか。それにぼくが昔社長に説いた、8：2の理論（香典袋のようなめったに売れないけどかならずコンビニにある商品）にも通じるんです」

そしてしばらくだまり、

「でも、やはりいちばんは赤字幅ですね。これだと社長にも話通しやすいですし」

これでなんとか年が越せそうだ。ただM社へもどるとなれば競艇、戦争とは別れなければならない。ある意味治外法権的なオンプロだからこその裏わざ、M社ではむりだ。また近藤とチャーリーともお別れだ。M社でそれなりのポジションを手に入れられれば、また監督もできようが、いったいいつの話になるかわからないし、永久にそうならない可能性のほうが高い。

世話になった面々に連絡をとった。

競艇には電話したもののつながらず、

〈M社にもどることになった。Tさんさえよければ、どこか撮れるところ当たってみますが〉

　こうメールしたが返信はなかった。

　戦争とは飲みにいくことになった。彼とは2年ほどの付き合いだが酒を飲み交わすのははじめてである。

　ここにいたるまでの経緯を話した。

「ぼくの力不足です。Mさんとは引きつづき一緒にやっていきたかったのですが」

「……」

「ぼくもこういう性格だし、Mさんもじぶんからぐいぐいくるタイプでもないので、たがいの距離はそんなに縮まらなかったかもしれませんが、でも、いまさらですがMさんとの仕事はぼく的には、とても楽しかったんですよ」

　グラスの中身を見ながら、考えにふける戦争、ややあって口をひらく。

「じつはぼくK出版（中堅どころの老舗AVメーカー）にいまして」

「え！　Kってあの K。そうなんですか。だからどうりで。パケの作り方とかくわしいなと」

「Kやめて10年になります。28のときにはいって7年いました。AVの制作自体は好きだったんですけど、人間関係がわずらわしくなっちゃいまして。それからはいちユーザーとして業界を見ていましたが、恩地さんが童貞目線をはじめたとき、おもしろい人がいるなあと。それからずーっと気になってまして。するとだんだんオンプロさんで撮りたいと思いはじめて。で、御社に電話したら面接があると。それで受けたんですが返事がなくて、ああダメだったんだ。いったんはそれであきらめたんですが、やっぱどうしてもあきらめきれず、あれこれ当たって」

戦争はじぶんのグラスに焼酎と氷をいれ、ぼくのグラスにも同じように満たしてくれた。ここは戦争いきつけのジャズバーで、いまふたりはカウンターにとなり合わせですわっている。

つづけて戦争は「いっしょに仕事やるようになってから、思ったとおりの人だと、勝手にシンパシーいだくようになりまして。こんなこといっちゃあれですが、恩地さんも会社でうまく立ち回れるタイプの人じゃないじゃないですか。ぼくの場合それで失敗して逃げ出しちゃったくちですが、恩地さんにはもがいてほしいなと」戦争はしばらくだまり、そして顔をぼくのほうへむけ「M社さんにいってもがんばってください」

「ありがとうございます」

しばし沈黙のあと「でもMさん、どうするんですか」ぼくはきく。

「まあ」そしてだまり、ややあって「最悪、工場のバイトにもどればいいし」

「うちの社内メーカーじゃむずかしいですが、Mさんさえよければ、知り合いにたのんでどこか他社のメーカーにでも当たってみますけど」

「ありがとうございます。お気持ちだけ頂戴します。いまのところ、ほかでやりたいとも思ってませんし」

このあと終電ちかくまで飲み、戦争はそのまま店に残るというのでぼくだけ先に帰ることにした。その店は地下にあるのだが戦争は見送りに階上まで出てきてくれた。

「さっきふと思いついたんですが」ぼくはいう。「Mさん、メーカーやったらどうです。Mさんのやろうとしてることならお金かかんないし。配信専門だったらそんなに元手いらないし。Mさん、エロ偏差値高いんで、うまくいきそうな気がするんですよね」

戦争はむずかしい顔になり、しばらくうんうんうなずいていた。

近藤とチャーリーは、彼ら行きつけのお好み焼き屋で送別会を開いてくれた。いつものメイクさんも呼び4人で食べながら飲んだ。とくにもりあがることもなく、それでいて笑顔のたえない、アットホームな飲み会であった。近藤が終始お好み焼きを焼き、チャーリーはそれらをかいがいしく取り分け、メイクさんは顔を真っ赤にして早々に酔っ払っていた。業界にはいって11年、ようやくできた気の置けない仲間たち。

年が明けてしばらくしてからのこと。デスクの内線が鳴り、とると、

「加藤です」

声が暗い。

「あの……恩地ですけど」

席をまちがえているのかもしれないので、いちおう確認してみる。というのもM社に異動するにあたり、つい最近席替えをしたばかりだからだ。

「わかってます。ちょっと来てください」

ドアを開けなかにはいると、加藤はちらっとぼくを見、すわってくれという意味で手をソファのほうへと伸ばす。その間ずーっとパソコンを見ている。

しばらくして加藤はパソコンから顔をあげ「恩地さん、去年1年の売上チェックしました?」

「いえ、まだですが」

新人や広報はプロデューサーのように担当作品がないので給与査定の指針となる数字をもたない。だからメーカーのチーフが日ごろの仕事ぶりから彼らの年棒を勘案し、決めるわけで、毎年年が明けると各メーカーチーフはその査定作業に追われることになる。しかしオンプロの場合、部下も専属広報もおらず、そういった作業がないので、年度末の売上チェックはまだおこなっていなかった。

「赤ですね、それも2000万の」

たす。

「に、2000！」

加藤が席をたち、パソコンと紙を1枚もってぼくの真向かいにすわった。まず紙をぼくにわたす。

「それはメーカーの担当表なんですが」

なんと、そこにはオンプロの広報が5人も記されているではないか。本来は1人、それも他メーカーと兼任のはずなのに。広報は基本はどこかのメーカーに属しているが、兼任しているやつもいてその場合は2つのメーカーが彼、彼女の給料を折半する。本来オンプロは1人の広報の半分出せばよかったのにこれだと5人の給料の半分を出す、ということになる。

「あと販促費で月30から50万使ってるので」いいながら、売上表がでているパソコンをぼくにも見えるようテーブルのうえをずらしてきた。

「それらを計上すると、ざっと計算して2000万。いや、ぼくも勝手なイメージでオンプロだったら数百万の赤だろうって思ってて。恩地さん、もうしわけないんですけど、この赤字額じゃ社長に話できないです。だからM社への異動の件なんですが――」

「ちょちょちょ、まってください。それって、それって」いいながら頭をフル回転させる。「それってKの陰謀ですって」

Kとはぼくが会社にこないと文句をいってきた広報の男でオンプロの兼任広報である。広報ではナンバーツーのポジション。陰謀というのはこうだ。この5人が今期あまり売上のよくないメーカーにいて、そこのチーフたちから「K、去年、うちのメーカー、ヤバいんだよね。なんとかしてくんない」とたのまれ、するとKが「オンプロにかぶせちゃいましょう。どうせ気づかないだろうし、気づいたところであの人だったらなんとでもなるし」こんな密談があったのではないか。

ぼくの憶測を加藤に話すと、

「考えられる話ではありますが、社長には通用しません。数字が絶対の人だし。それに陰謀なんて、これだけ会社が大きくなると、そこかしこにあるわけで。いちいちそういうのきいてたらキリがないですし」

「ってことは」

「そうですね。いったんM社の件は白紙ということで」

気づくとKのところにいた。

「K、ちょっと話あんだけど」ぼくはいう。

聞こえているはずなのにKはなにもいわず、パソコンから顔もあげない。

「おい、K、話あんだって！」

「なんすか」返事はしたが、顔はまだパソコン。

「オンプロに広報5人もいるんだけど、これってどういうこと」

「は？　いってる意味わかんないんすけど」

「だから、おれ、こいつらと仕事したことないんだよ」

Kはようやくからだをこちらにむけ「で？」

「こいつらがオンプロでどんな仕事してんのか、具体的に教えてほしいわけ。たとえばこのIってやつとか――」

「そんなこときいてどうすんすか」

「どうもしねえよ。ただ知りたいんだって」

「だからあ」Kはわざとだるそうな声で「オンプロにかかってくる電話とったり、オンプロのサンプルくださいって編プロさんにDVD発送したり、あとは広告の文字校とか……」

「あとは」

「……」

「そんだけ？」

「そうっすよ」

「電話なんて広報全員とるじゃねえか。なんでS社やG企画やA映像の仕事しかしてねえやつらがオンプロ所属なんだってきいてんだよ」

「だからいま説明したでしょ」

「なってねえって。電話とったくらいで――」

「もういいっしょ。なんなんすか。くだらない」

「くだらねえじゃねえよ。大事な話だから、おれは――」

Kは、うざっと吐き捨て、パソコンにむきなおろうとする。ぼくは左手でKの肩をもってこちらにむかせようとすると、Kは肩を揺すってその手をはねのける。にらみ合うふたり。

いまではフロアにいる全員がぼくらを注視している。

興奮しているぼくはつづけて「だいたいなんでこんなバカみたいに広告費使ってんだよ。ポスター作るとき、カラー広告打つときはひと言いえって話してあんだろ」

「話すもなにも、アンタ会社いねえじゃねえか」

いつのまにか横にいた相馬が「恩地さん」といいぼくの肩に手を置き、そしてKのほうをむいて「K、テメエ何様だっ！」と一喝した。

めんどくせえのがまた来たよとばかりKは半笑いになり、小声で、だがはっきりと「休日返上で働いて、あげく売れねえAV作って。ったくどんな人生だか」

ぼくはKに突っかかっていった。殴りかかったのかもしれない。きっと社内は騒然となったことだろう。だがまるでおぼえておらず、気づくとじぶんのデスクにぐったりとすわっていた。相馬がとめてくれたらしいが、彼がいなかったらどうなっていたのか。だれかを殴ったこともだれかに殴られたこともない男が正気をなくすとどうなるのか。

2日たった。いや3日か。それとも1週間。

飲んだくれていた。その間会社には一度もいってない。だれからも電話はない。いやかかってきてたのかもしれない。

ある晩会社にいった。渋谷で飲んで、そのままふらふら歩いてきたようだ。深夜1時すぎ。カードキーでなかへはいる。フロアは真っ暗。AVが売れているころはこの時間でもまだ何人か残っていて、なにかしら作業をしていたものだが、いまでは徹夜で仕事しようなんて奇特なやつはいない。

ぼくはフロアの電気をつけじぶんのデスクにいった。どっかと腰をおろすとパソコンがパッとついた。電源を落とさずに帰ったようだ。スリープ機能に設定されているので振動で起動したのである。いまモニターに映し出されているのは売上表。それを見ていてKのところにいったのか、Kのところから帰ってきて開いたのかはわからない。黄色いセルが見えるので、表はもっとも右にスクロールされている。

ぼくはモニターにむかって「おまえだよ、おまえのせいでおれは人生棒にふったんだ。失われた10年だよ。クソ数字野郎が。数字こそ正義？　バカヤロー、死ねよ資本主義。おまえら数字しかたよるもんねえじゃねえか。感性で語ってみろってんだ」ぼくは目のまえの卓上カレンダーをつかむや「ここにも数字だよ！」と壁に思いきり投げ捨てた。が、それは不規則に回転し壁までとどかず、ばさりと途中でおちた。

「くそっ！　どいつもこいつも」

大きくため息をつき、からだをまえに乗り出してマウスに右手をかけた。

売上表、開くと緑色のセルのページがでてくるようになっている。この緑セルの数字が廃版までの予想トータル売上枚数であり、この売上でそれぞれの給与が査定されることはまえに書いた。ここから右にスクロールするにしたがって、制作費、モザイク費、パケ印刷費、広告費などがあらわれ、重要度はさがっていく。そしていちばん最後に黄色のセルがあり、これは実売数である。実売数がいちばん重要度がひくいというのも変だが、給与査定の対象とならないので重要視されない。だからだれもこの黄セルは見ない。ぼくもおそらくはじめてだ。

黄セルから前方にスクロールしようとしたとき、1———という数字が一瞬目にはいった。ん？　そして緑セルにスクロールして確認する。その作品の予想売上は880枚となっているのだ。念のためもういちど黄セル。１２０４。

「なんだろう、これ？」

ほかのもおなじように見比べていると突然気づいた。

「あっ！　これ、まさか」

さかのぼって見てみる。すると柔道の緑は１５１９、黄は３００３。長身は緑１２１４、黄２０４１。自然と頬がゆるんでくる。競艇や戦争、ほかの監督の作品もおなじようにチェックしてみるが、どれもが1・5倍から2倍売れている。なかには3倍のものも。

どういうことか。計算式が単体用になっているから。単体は3カ月すぎると売れなくなるが、フェチはロングセラー、ものによっては1年2年たっても売れ続ける。単体とフェチでは売れ方がちがうのだ。正確を期すならフェチ用の公式も必要だろうが、なにをもってフェチとするか、その定義はむずかしく、結果すべてをいっしょくたに単体の公式で計算していたためこういった現象が起こったのだろう。

「ざまーーーーーっ」

フロア中にひびく大声でさけんだ。だめだ、感情がおさえられない。

デスクにあった適当なＣＤをパソコンにセットし、音量マックスで鳴らす。ロックパイル『セカンズ・オブ・プレジャー』。ぼくはそこらじゅうのデスクやイスをパーカッションよろしくたたき、奇声をあげ、拳をつきあげ、不器用なステップを踏みながらフロア中をねり歩いた。

「ホェナライザァブック、アバマァラ〜♪」つきせぬ激情。

朝までかかって計算してみたところ去年は800万の黒字である。ぼくの年棒は300なので引いてもまだ500の黒。

翌日、加藤にこのことを報告した。が、加藤の反応はあっさりとしたもので、

「ただうちはあくまで緑のセルなので。恩地さん的には納得いかないでしょうけど」とそっけないものであった。

ゴネたところで結果は変わらないだろう。しつこく食い下がるのも性格的にできない。

頭をさげ部屋を出た。

辞表を書くのに逡巡はなかった。

黄色のセル、その数字を見た瞬間、こころのどこかでそう決めていたのだろう。

数字数字数字数字、さいごも数字。人生は数字とともにある、ようだ。

あとがき

ＡＶ監督は料理人であってクリエイターではない。

映画のベースが脚本であるならば、ＡＶの場合、それは女優だ。脚本はなにもないところから構築できるが、女優は構築できない、そこにあるものだ。０《ゼロ》か１《いち》。これは埋められない差である。０が偉くて１がダメというわけではない。映画監督は役者がいても脚本がなければなにもできず、逆にＡＶ監督は台本があっても女優がいなければなにもできない。両者に互換性はない（１５５ページ）、といったのはそういう意味である。ともに〝監督〟と呼ばれるが両者は別物であり、ＡＶの場合、資質としては料理人に近い。

素材を見た瞬間、適切な調理法を瞬時に導き出せるのがすぐれた料理人であるよう、すぐれたＡＶ監督も女優のキャラがもっとも輝く演出やプレーをいくつかの引き出しのなかからさっと取る出すことができる。

翻って、最終的にではあるが売上という結果を出したぼくはすぐれた監督か。答えはノー。ぼくは素材から調理法を導き出すのではなく、この料理しか作れませんというタイプであり、たまたまピッタリの食材と出会ったにすぎない。運がよかった。ただし、運はそれをたぐり寄せようと努力する人のところにしかめぐってはこない。

これは〝ぼく〟という臆病でお人好しで、悪事を働く度胸はないが、小さな悪ならつい手を出してしまう、ようするにどこにでもいるサラリーマンが、会社という組織のなかでもがき苦しみ、だが最後に希望の光を手にするある種のサクセスストーリーである。

「あんたはうまくいったかもしれないが、現実は努力したってむくわれない世の中だ」

そう考える人もいるだろう。

だが、はたしてそうだろうか。

「夢はかなう」

「努力はむくわれる」

Jポップの歌詞のような世界観は好きではないが、そこには真理もあり、努力すればのぞんだ夢かどうかはともかく、人生悪いようにはならない、というのがこの年齢になってつくづく思うことである。「いや、おれは努力しているつもりだが、結果はまるでノーだ」という人がいたら、成果を見落としている可能性は？　別の場所でなにかが花開いているのでは？

ぼくだって偶然〝黄色セル〟を見つけたから、いまの人生があり、そうでなかったら、またちがった人生だったろう。見つけられるかどうか、それもまた運次第だが、その運も日々の努力によってしか与えられることのないもの。

けっきょくのところ人生いつだって努力、楽して成功などない、ということだ。

——漂白されちまったな。

いまの業界にたいしての感想である。

このあいだノンフィクション作家の中村淳彦氏と会って話していたのだが、彼から「(エロ)雑誌はいかにもモテなさそうな人種の巣窟だったけど、AVはみんなオシャレで女子ウケのいい男ばっかだよな」ということばを聞き、ここにAVがいまだメインストリームにいられるヒントが隠されているのでは、とふと思った。実際、監督や男優のSNS見てもみんな小ぎれい、外見にとても気をつかっている。

だが、むかしはそうではなかった。少なくともぼくのいたころ、その前半あたりまではモテなさそうな人種も相当数いた。いまの小ぎれいな業界は、201ページの監督の選別面接みたく、メーカーがその手の人種を排除していった結果なのである。だがこれはAVに限った話ではなく、いまの日本そのもので、芸能やスポーツ、はてはうさんくささ満載であったはずのアングラ演劇や自主映画界隈でさえ、どこもかしこも小ぎれいな連中ばかりである。

漂白された日本。もはや我が国では、小ぎれいな常識人でないと受け入れてもらえないのだ。では、むかしよくいた「あぶないやつら」はどこに？　いなくなってしまったのか、それともどこか別のところいったのか。

　AVに関しては、どこにいったのかはわかっている。みんな地下にもぐった。じぶんでメーカーを作りネットの世界で活動をはじめた。が、食えない。ネット番組のギャラが地上波テレビのギャラには勝てないよう、ネットの売上など表ビデオのメーカー受注監督のギャラにはとうていおよばず、多くがアルバイトも兼業しているのが現状である。

が、地下メーカーだけがきびしいのではなく、それは表ビデオも同じ。SNS見るかぎり華やかそうではあるものの内情はきびしく、監督料も一時期の1／3以下だし（それでも地下メーカーの売上よりはいいが）、そもそもがAV制作自体がギャンブルとなっており、10本出したら9本が赤かトントン、残る1本がごくまれにヒット。そんなありさまである。

　ぼくの未来予想図だが、表ビデオと地下メーカー、この二極化はしばらくつづくだろう。が、やがて表ビデオの体力がなくなり解散が相次ぎ、あぶれた人々の中からアルバイトしてでもエロをつづけたいという人間だけが地下に合流する。が、それも微々たる数。参加者（作り手）と周辺の人々（ユーザー）の少なさからもはや産業としては成り立たず、ゆくゆくは同人サークルのような非営利的な世界になるだろう。

　さいごに会社をやめてからのこともすこし触れておく。

２０１１年3月から自己資金によるメーカーを開始。資本金１００万、社長はぼく、社員なし。リリースペースは月1本か2本。のんびりしたものだ。不況ゆえ徐々にではあるが売上は落ちていったが、それでもぼくひとりなのでなんとか生活できた。が、大きなケガをし入院、しばらく撮影ができなくなってしまった。貯金も底をつく。しかし完治したころ業界は以前よりもひどくなっており、これじゃあもどったところで食えない、と。だから資格を取るための学校に通い、卒業してその仕事をしていた。

が、しばらく経つと毎日の生活になんの刺激もなく……そんなときひょんなことからむかしの友人に会い、話しているうちにまたエロがやりたくなり、カラミなし脱ぎなしの足フェチメーカーを起こした。それが2年まえの話。もちろん地下メーカーである。

スタジオはぼくのアパート、男優、スタッフなし、女優とぼくのみ。出演者はネットやガールズバー、熟女キャバクラなどで調達。完全自給自足。が、それだけでは食えないのでアルバイトを2つやりつつ、なんとか食いつないでいる、といった状況。さて、いつまでつづけられるのか。

■ 著者紹介
恩地昌宏（おんじ・まさひろ）
66年生まれ。高卒。転職をくり返し、31歳より名古屋で風俗情報誌の編集。34歳で上京、某大手AVメーカーへ就職。00年～11年まで勤務。00～06年は制作部プロデューサー、06～11年は社内監督。11年退社、自己資金でメーカーをたちあげる。紆余曲折あり、現在は足フェチメーカーを運営。同時にポスティングと弁当屋の仕込みのバイト。365日自炊＆家飲みで捻出した金で月2の激安ヘルスがじぶんへの褒美。イソジンのにおいを嗅ぐたび「案外、悪くない人生だな」と最近は思えるように。未婚、彼女いない歴53年、素人童貞。

フツーのオジサンがＡＶ監督していました

2019年9月11日 第1刷

著　者　恩地昌宏
発行人　山田有司
発行所　株式会社　彩図社
東京都豊島区南大塚3-24-4
ＭＴビル　〒170-0005
TEL:03-5985-8213　FAX:03-5985-8224
http://www.saiz.co.jp
https://twitter.com/saiz_sha

印刷所　新灯印刷株式会社

ISBN978-4-8013-0394-2 C0195